「のろい」と「まじない」

両面宿儺像
千光寺 蔵
画像提供:読売新聞社
飛騨高山地方には、2つの顔と4本の腕を持つ異形の姿をした両面宿儺の伝説があり、慈愛と憤怒の2つの表情が一体となっている。

「呪い」には「のろい」と「ま
じない」の2つの読み方があ
る。呪術は人を呪《のろ》い苦しめる
というだけではなく、人々を
災厄や病気から救うもので
もある。山、川、海、森な
ど豊かな自然を有し、四季
を通じてさまざまな表情を
みせる日本の風土は、太古よ
り多くの人々の命を養ってき
た。この恵みをもたらす自
然は、時として猛威をふる
い、人々に災厄をもたらす存
在でもある。人々は人智を
超えた力にはプラスとマイナ
スの2つの力があることを本
能的に感知し、そして「呪《のろ》《まじな》い
の力に変えてきたのだ。

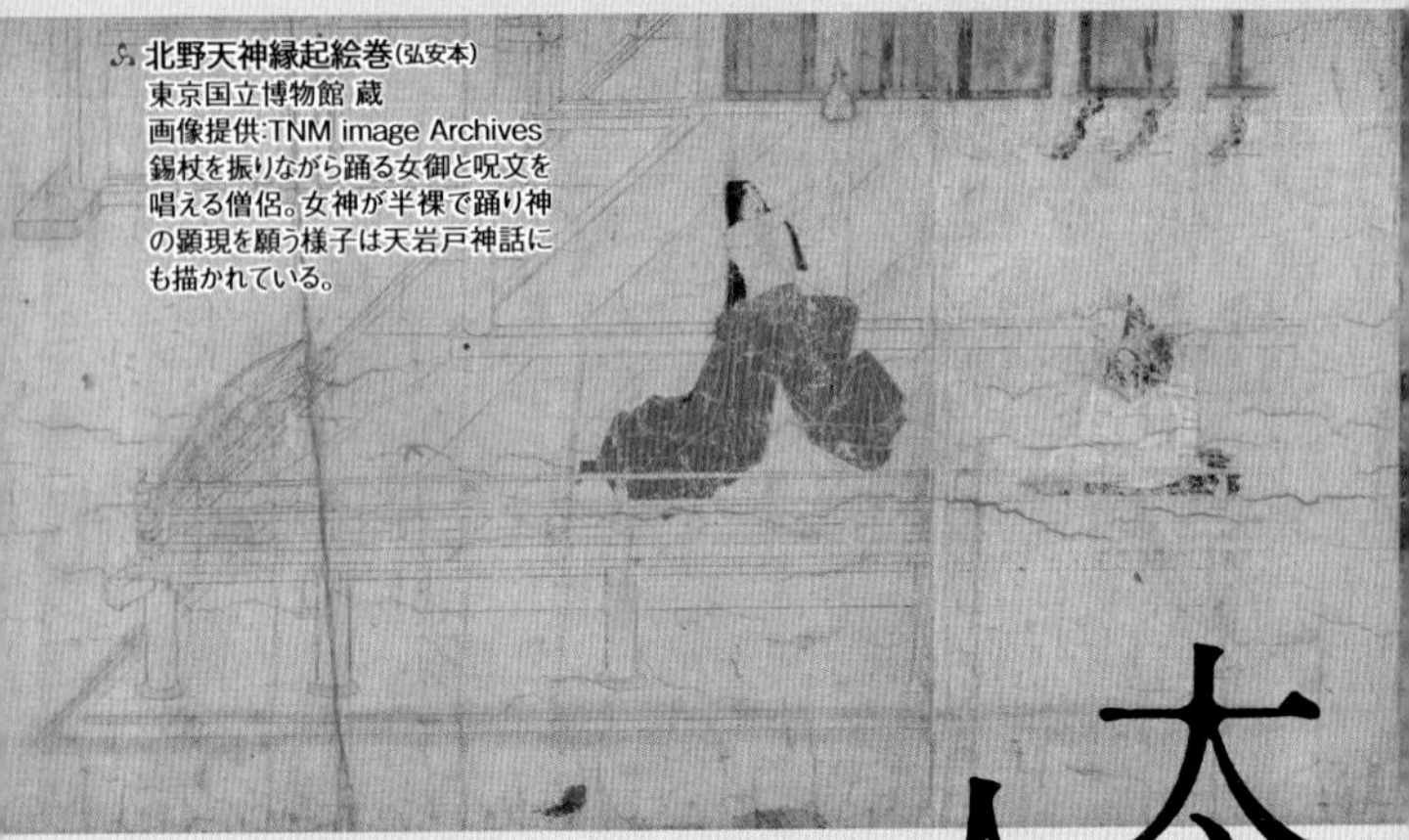

北野天神縁起絵巻(弘安本)
東京国立博物館 蔵
画像提供:TNM image Archives
錫杖を振りながら踊る女御と呪文を唱える僧侶。女神が半裸で踊り神の顕現を願う様子は天岩戸神話にも描かれている。

太古の人々がみた闇の世界

日本における呪術の歴史は、文字が使われる前に遡る。縄文時代を代表する土偶《どぐう》は人為的に破壊された跡があり、何らかの呪術に用いられた。また有名な邪馬台国の女王・卑弥呼《ひみこ》は「鬼道《きどう》」と呼ばれる呪術を用いたと伝えられる。統一王権が誕生した古墳時代には、古墳内部に幾何学文様が描かれた。人間のコミュニケーション手段である「言葉」ではなく、抽象的な文様でカミに意思を示した。古代の人々は目にみえない闇の世界の大いなる力を得ようと、さまざまな手段でアクセスしようと試みたのである。

虎塚古墳（茨城県ひたちなか市）
ベンガラ（酸化第二鉄の赤色顔料）という塗料で　壁上段に連続三角文、その下に2つの環状文、太刀や矛などが描かれている。

闇の力を支配する者たち

日本では政治のことを「まつりごと」というように、呪術は国を統治する最重要の要素だった。奈良時代になり、律令制が整備されると呪術は国家によって厳重に管理されるようになった。やがて、闇の力を操る陰陽師《おんみょうじ》、密教僧などが、朝廷内で大きな影響力を持つようになる。呪術全盛の平安時代の到来だ。陰陽師の安倍晴明《あべのせいめい》や賀茂《かもの》忠行《ただゆき》・保憲《やすのり》父子、空海や浄蔵などの名だたる呪術師が登場し、彼らが起こした数多くの奇跡は伝説となって記録されている。

ℌ 泣不動縁起
奈良国立博物館 蔵　森村欣司 撮影
陰陽師・安倍晴明は重病となった高僧の命を救うために泰山府君祭を行なった。高僧の命の身代わりとなることを願い出た弟子を哀れんだ不動明王は、この弟子の代わりとなったと伝えられる。

辟邪絵 天刑星　奈良国立博物館 蔵　森村欣司 撮影
天刑星は天界の星々を司るとされる中国の道教の神だが、のちに陰陽道の式神の根源とされた。天刑星は真言密教でも重視された。

赤山禅院（京都市左京区）
京都御所と鬼門方向である比叡山延暦寺を結ぶ線上に位置する延暦寺の別院。陰陽道の主神で生死を司る泰山府君を祀る。

ゐ墨書人面土器　京都市 蔵
長岡京の東南境界にある祭祀遺跡から出土したもの。
長岡京は早良親王の怨霊の仕業と考えられる怪死が続いたためわずか10年で廃された。

大宇宙につながる秘法

金剛蔵王権現
金峯山寺 蔵　画像提供:朝日新聞社
蔵王権現は修験道の本尊とされる。金峯山寺の約7メートルの3体の蔵王権現は青面で憤怒の表情をしており、過去・現在・未来の三世の救済をあらわしている。

日本の呪術は、大きく神道《しんとう》、道教《どうきょう》、陰陽道《おんみょうどう》、修験道《しゅげんどう》、密教の5つの系統に分けられる。万物が持つ霊魂を活発化させる神道、神仙になる道を説く道教、宇宙の仕組み・理《ことわり》の歯車を利用する陰陽道、宇宙の根源に鎮座する仏の力を借りる密教、そして、神道・道教・密教などがミックスされた修験道など、それぞれに特徴がある。手段は異なるが、いずれもみえない世界や大宇宙のエネルギーにアクセスして、目にみえる世界に大きな影響を与えることが呪術の本質といえる。

金銅輪宝
奈良国立博物館 蔵　森村欣司 撮影
元々は古代インドの投擲用の武器で、
密教儀式に用いられる法具の一種。
儀式では大壇場に置かれる。

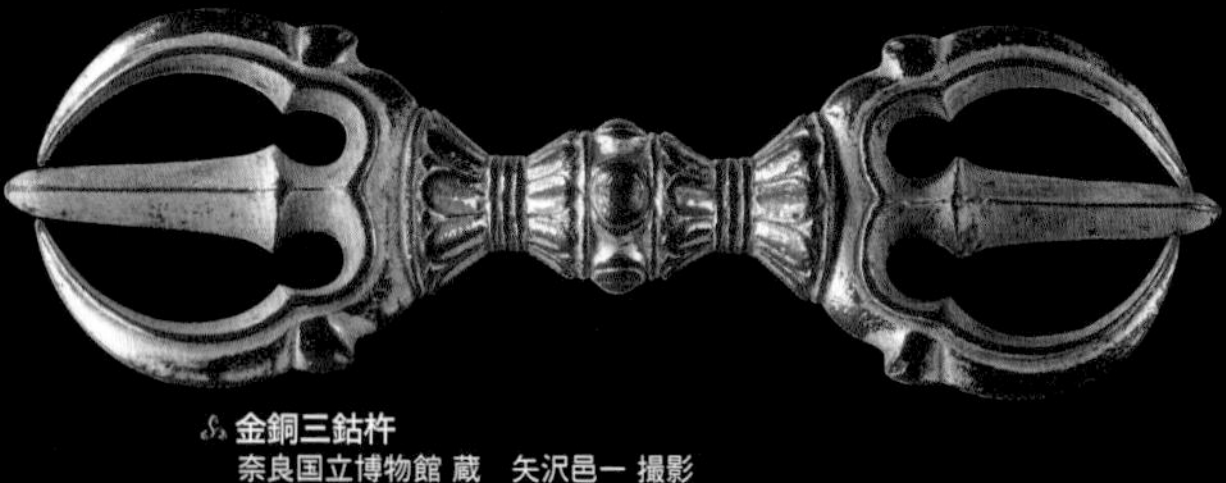

金銅三鈷杵
奈良国立博物館 蔵　矢沢邑一 撮影
もともとはインド神話に登場する武器で、密教の護摩祈禱に用
いられる法具。平安時代以降は国産化されるようになった

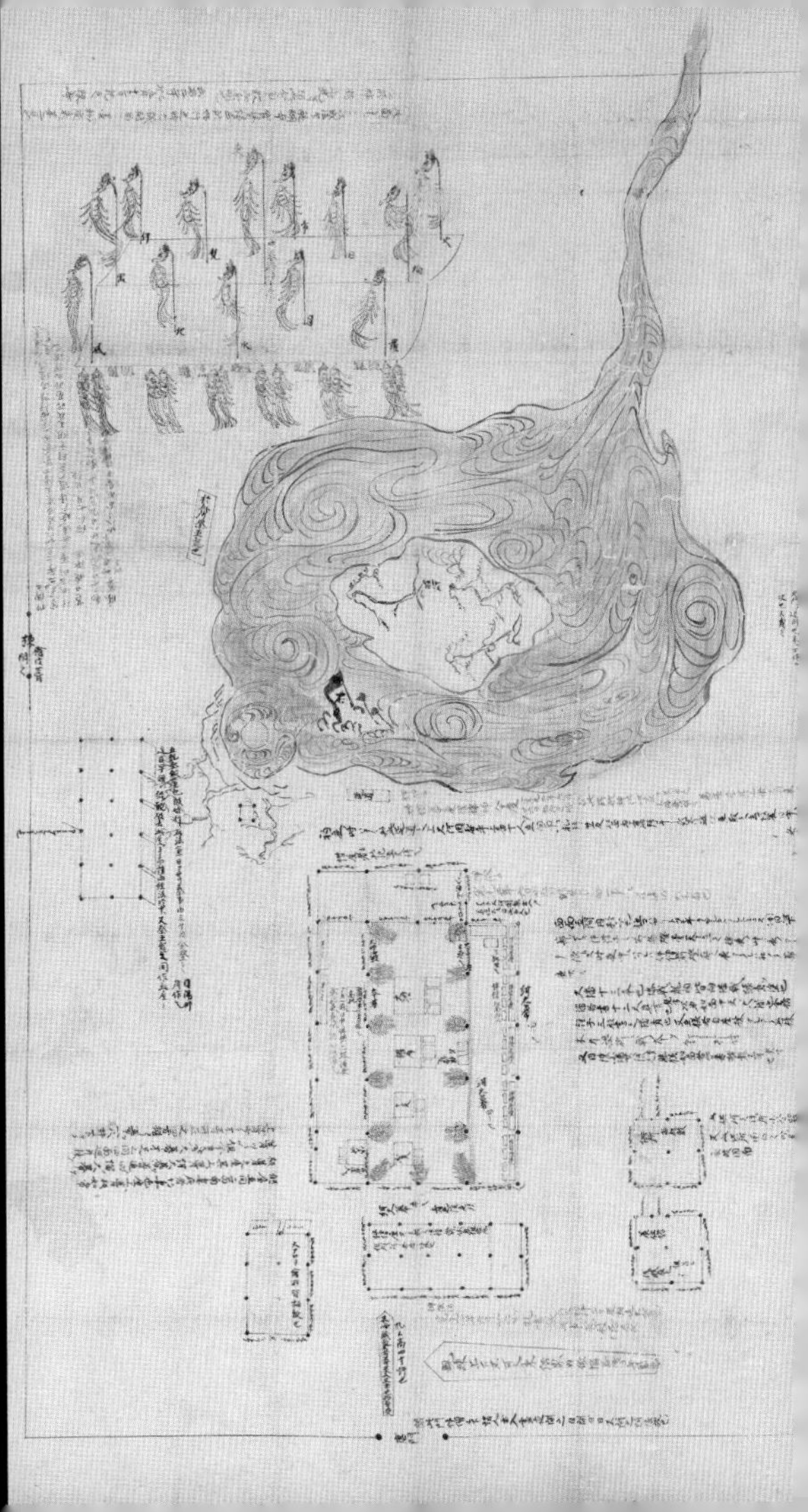

神泉苑請雨経法道場図
奈良国立博物館 蔵　佐々木香輔 撮影

平安京の大内裏の南西に位置する神泉苑で行なわれた請雨経法の道場図。神泉苑では、陰陽道や密教の請雨の儀式が行なわれた。

北野天神縁起絵巻（弘安本）
東京国立博物館 蔵
画像提供:TNM image Archives
非業の死を遂げた菅原道真は、死後に関係者の死、清涼殿の落雷などが起こったことから、「天神」として恐れられた。

怨霊となった人々

『能楽図絵』鉄輪
能にある演目「鉄輪」を描いたもの。自分を捨てて後妻を娶った元夫に報いを受けさせるために丑の刻参りを行なう。

闇の世界を利用するようになった人々は、非業《ひごう》の死を迎えたことで祟りを起こすようになった。そのため、人々は怨霊《おんりょう》や死《し》霊《りょう》、生きながらにして怨念を発揮する生《い》き霊《りょう》などを恐れるようになった。呪術に頼れば頼るほどその影は深くなり、やがて怨霊の力は遷都させるほど強大なものとなった。呪術によってその日の行動をすべて決定していた平安時代の貴族たちはますます呪術に傾倒し、そのことが怨霊や生き霊の力をますます強める、という悪循環に陥ったのだ。

水戸黄門光圀卿
柳下亭種清述

不知藪八幡之実怪

千葉県市川市八幡にある禁足地で、江戸時代以前から伝承があるが、由来は定かではない。一説には、三大怨霊のひとり平将門を討つために張られた呪術「八陣の法」の跡ともいわれ、足を踏み入れた者には害があると伝わる

今も生き続ける呪い

科学技術が発展した現代社会においても、災害や病、恋愛など自らの力だけではどうにもならないことについて、人々は目にみえない闇の力を求め続けている。それは、合理性や論理性、社会の常識などでは割り切れない情念を人が持っているからだ。人が人である限り、呪いがなくなることはない。

イタコの口寄せ
画像提供:朝日新聞社
東北地方の習俗であるイタコは、降霊術によって死者の世界とこの世の人との仲介者として、故人の言葉を伝える。

呪術の日本史

監修　加門七海

宝島
SUGOI
文庫

宝島社

はじめに

『呪術廻戦』に描かれた呪いのルーツを探る

縄文時代から現代まで続く呪術

現代社会には「呪い」があふれている。そう聞いても日常生活において呪いを実感する人は少ないだろう。縄文時代から近代に至るまで人々は、人智を超えた現象や、事故や災害、病気などの不条理に対して、神頼みをし、呪術にすがった。しかし科学技術の発達によって現代人は、ほとんど呪術に頼らずに生きていけるようになった。

一方で、朝のニュース番組内ではその日の運勢が紹介され、受験シーズンには合格祈願のお守りを身につけ、日本を代表する一流企業からベンチャー企業までオフィスには神棚が祀られていることが多い。あるいは、「靴下を左足から履く」といったジンクスも呪術の一種といえるだろう。

では呪術はまったく効果がないか、といったらそうともいい切れない。例えば、病気に効果がない偽薬を飲んだ患者が症状を改善させる「プラセボ効果」などは広く知られている。呪術がもたらす心理の変化は、人体に影響を及ぼすこともあるのだ。だからこそ、科学技術が発達した現在においても人々は神仏にすがり、呪術を恐れるのである。

呪術と呪いをテーマにした大ヒットマンガ

２０１８年３月から『週刊少年ジャンプ』（集英社）で連載がはじまった芥見下々《あくたみげげ》先生のマンガ『呪術廻戦』はこの呪術と呪いを軸にしたストーリーだ。世界記録級のアスリートを超える身体能力を持つ主人公・虎杖悠仁《いたどりゆうじ》は、仙台の高校で普通の学生生活を送っていた。ところが「呪いの王」といわれる両面宿儺《りょうめんすくな》の指をひろったことで同級生が「呪い」の被害に遭う。虎杖は同級生を救うために、指を飲み込んだことから両面宿儺が復活。同級生を救うことができた虎杖だが、両面宿儺を内包する危険な存在となった。

虎杖は、祖父の遺言である「オマエは強いから人を助けろ」「大勢に囲まれて死ね俺みたいにはなるなよ」という言葉を胸に、「呪い」を祓《はら》う呪術師となるべく、東京都立呪術高等専門学校（呪術高専）に入学し、「呪い」が具現化した呪霊《じゅれい》や、呪術を悪用する呪詛《じゅそ》師たちとの戦いに身を投じていく。さまざまに張り巡らされた伏線や「呪い」をテーマにした人間ドラマ、迫力ある戦闘シーンなどが高く評価されている。

「呪い」は人を幸福にも不幸にもする

『呪術廻戦』では、呪いは「呪霊」と呼ばれる化け物として現れる。呪霊は人間の「負の感情」から生まれる存在であり、人への恐れや自然への恐れ、さらには口裂け女といった怪談話への恐れなどから誕生する。この呪霊を祓う呪術師もまた「呪い」という「負の感情」を「呪力」に変えることで、呪霊に対抗する。また『呪術廻戦』では、本来、呪霊を祓う立場にある呪術師でありながら呪霊たちと手を組み人間に害を及ぼす人々（呪詛師）が登場する。このことは「呪い」が人間にとって、有益にも害悪にもなることを象徴的にあらわしている。

「呪い」には「のろい」と「まじない」の2つの読み方がある。「のろい」は恨んだり憎んだりする相手に災厄があるように、目にみえない人間よりも上位の存在（神仏や悪魔など）に祈ることである。また「まじない」は人間よりも上位の存在に災厄や病気を除いたり、運の変更を願うものである。「呪い」には災厄を与えたり除いたりする、両方の意味が込められているのだ。

人間が人間である限り、「呪い」から逃れることはできない。人々への嫉妬や憎しみ、病気や老いへの恐れ、そのような「負の感情」に対して人々は呪術を使ってきた。本書では、日本において人々がいかに呪術を用いてきたか、その発展の歴史をひも解き、『呪術廻戦』の背景に迫る。

なお本書にはネタバレがある箇所を含むため、『呪術廻戦』の本編を先に読むことをおすすめする。日本人の精神土壌に深く根ざしている「呪い」の歴史を通じて、『呪術廻戦』をより楽しむきっかけになれば幸いである。

『東錦昼夜競』玉藻前
九尾の狐の化身とされる玉藻前は、鳥羽上皇の寵姫・美福門院がモデルとされる。上皇が原因不明の病となり、陰陽師の安倍泰成が正体を見破った。

目次 呪術の日本史

第2章

第3章

第4章

新考察『呪術廻戦』の謎

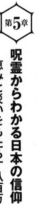

第1章

呪いの国・日本の歴史

なぜ日本は「呪いの国」なのか

現代にあらわになった日本人の呪い

「穢れ」の思想が生み出した差別

日本人は世界的に見て、キレイ好きな国民として知られている。毎日、シャワーを浴びる習慣がない国も多くある中、日本の家庭では(一人暮らしならばともかく)1日も欠かさず入浴するのが一般的だ。また世界から高く評価されているウォシュレットトイレや抗菌仕様の素材など、日本人のキレイ好きは群を抜いている。

こうした清潔へのこだわりは時として、負の側面を持つことがある。2020年から2022年まで、新型コロナウイルスが世界中を席巻《せっけん》した。このコロナ禍において起きたのが医療従事者や感染者への差別だ。新型コロナに付随する差別は、大小はあるが世界中で起きた。しかし、日本での医療従事者や感染者への差別は世界的にみても異常なほど強く表出した。医療従事者の家族が職場から退職を迫られたり、保育園を辞めるように促されるケースが報告され、特に感染者への差別は強く、さながら犯罪者のようにみなされた。このようなケースははじめてではない。２０１１年に起きた東日本大震災の際には、目にみえない放射能への恐怖から、福島県の被災者が差別に苦しめられた。このような、人々へのいやがらせの手紙、落書きなどはまさに呪いそのものだ。

茅の輪につけられた人形としめ縄
日本には「穢れ」の思想があり、穢れを祓う神事や呪術が伝えられている。

　これらのケースの根底には、日本人の「穢《けが》れ」の思想がある。日本古来の信仰である神《しん》道《とう》は、穢れを祓《はら》い、清浄であることを重要視する。死や害悪をもたらすものに触れると、魂もまたその影響を受けるとする考え方だ。そして、穢れに触れた人に接触すると穢れがうつるとされる。これは触穢《そくえ》と呼ばれる。

『呪術廻戦』に描かれた触穢の思想

『呪術廻戦』第19話では「残穢《ざんえ》」という言葉が出てくる。これは呪霊《じゅれい》が触れた場所や術式（呪力を使った技）を行使した際に残る呪いの痕跡で、呪術師ならばみることができるとされる。触れた場所がその後も穢れとして残る考え方は日本の伝統的な触穢の思想と同じだ。日本人のキレイ好きの根底にはこの穢れの思想があり、店のトイレに置かれる使い捨ての便座カバーや自動で水が出る蛇口などの日本独自のアイテムは、触穢を嫌う精神風土から生まれたものだ。

日本は、人口に対する新型コロナウイルスの感染者数、死亡者数の割合が世界的にみて低水準だったが、これは穢れの思想を土壌とする日本人の衛生観念の高さが一因ともいわれる。このようなプラスの効果をもたらす一方で、医療従事者や感染者への差別というマイナスの面も現れたといえるだろう。

日本人は呪術によって穢れを祓ってきた

このような穢れを日々の暮らしから隔離するために、人々は呪術によって対抗してきた。それが禊祓《みそぎばら》いである。穢れと禊についての記録は神話の時代にまで遡り、現存する最古の歴史書『古事記』や最古の正史『日本書紀』にも残っている。

イザナギの禊
黄泉の国から戻ったイザナギが「橘の小門の阿波岐原」で禊を行なうと、アマテラス、スサノオ、ツクヨミの3神が生まれた。

この記紀神話には、日本列島や多くの神々を産んだイザナミが火の神を産んだ際の火傷が原因で亡くなってしまった話がある。夫のイザナギは妻を忘れがたく死者の国・黄泉《よみ》の国を訪れる。そして地上世界へ戻ってきた際に、禊（海や川などで心身を洗い清めること）を行ない、穢れを祓ったという。

神社にお参りする際に手水舎《ちょうずや》で手と口を清めるのはこの禊を簡略化したものだ。また葬式のあとに体に塩をふるが、これも海水での禊を簡略化して死の穢れを祓うためのものである。

現在も行なわれている呪術による結界術

穢れを隔離する結界と「帳《とばり》」

『呪術廻戦』には「残穢」のほかにも「穢れ」のワードが会話に登場する。それが「帳」と呼ばれる結界を展開する際の呪文だ。「帳」は「闇より出《い》でて闇より黒く、その穢れを禊ぎ祓え」（第6話）という言葉とともに展開され、中と外の空間を分けて、知覚や電波、特定の呪霊や人間などの出入りを制限する効果がある。

ちなみに、神社で神職が神に対して読み上げる祝詞《のりと》には、この「帳」の呪文と似たものがある。最も基本的な祝詞で、祭祀の前に行なわれる修祓《しゅばつ》の儀（お祓い）で読み上げられる祓詞《はらえことば》だ。その文言には、「諸々《もろもろ》の禍事《まがごと》・罪・穢れあらむをば祓へ給《たま》ひ清め給へ」とある。

毎年6月と12月には全国の神社で大祓《おおはらえ》という行事が行なわれる。この大祓では、知らずに身についた半年間の穢れを人形《ひとがた》と呼ばれる人間の形の紙へとうつす。この人形が神職によって川などに流されることで、穢れが祓われ、無病息災で過ごせるとされる。この大祓にちなんだ護符には「蘇民将来之子孫也《そみんしょうらいのしそんなり》」と記されている。その昔、

大雄山最乗寺の結界門（神奈川県足柄市）
「これより内は不浄の者入るべからず」を意味する門で、聖域と俗界とを分ける結界となっている。

疫病を司る神・牛頭天王《ごずてんのう》が旅の途中で一夜の宿を求めたところ、巨旦《こたん》将来という名の裕福な長者は断ったが、その弟の蘇民将来は貧しいながらも手厚くもてなした。牛頭天王は一夜のお礼に茅《ち》の輪《わ》を授け、蘇民将来の子孫である証とするようにいった。以来、「蘇民将来之子孫也」と記された茅の輪の護符を門に掲げると疫病が邸内に侵入しなくなるとされる。穢れから邸内を守る呪術的な結界の役割を担うのだ。

　穢れの思想が特殊なのは、穢れが消滅するのではない点だ。前述の手水舎の清めや葬式後の塩において、穢れは水や塩にうつされて（隔離されて）、体から離れるだけで消えたわけではない。

『呪術廻戦』第27話では、主人公・虎杖悠仁が人への恐れから生まれた呪霊・真人《まひと》に対して「ブッ殺してやる」という言葉を放つ。これに真人は「〝祓う〟の間違いだろ 呪術師」と答える。呪い＝負の感情という穢れが根源的には消滅しないことを示す端的な言葉といえるだろう。

古代中国の呪術が今も日本で行なわれている

御代《みよ》替《が》わりで行なわれた古代の呪術

2019年、平成から令和へと改元が行なわれた。天皇の御代替わりに先立って2019年5月に行なわれたのが、「斎田点定の儀《さいでんてんていのぎ》」だ。皇位継承の際に行なう一世一度の重大祭祀である大嘗祭《だいじょうさい》で使う新米の収穫地（斎田《さいでん》）の都道府県を決める非公開の秘儀で、古代中国王朝・殷《いん》の時代から盛んに行なわれていた亀卜《きぼく》（亀の甲羅を焼いてできたヒビで吉凶を観る占い）を用いる。中国では約2800年前の周王朝時代までは亀卜が行なわれていたが、その後衰退。しかし、日本に伝来した亀卜は、現在まで受け継がれているのである。日本国民の象徴である天皇には祭祀王としての側面がある。皇居には、宮中三殿と呼ばれる神殿があり、天皇が1年間に行なう主要な宮中祭祀だけでも20あまりある。日本がいかに呪術や占いを重んじる国であるかがわかる例だ。

『呪術廻戦』第137話では、「明治に張り直した皇居を中心とした結界と 幕末に東京遷都候補地だった薨星宮《こうせいぐう》直上を中心とした結界 これらを無理矢理県境まで拡張する」というセリフが紹介されている。不死の呪術師・天元《てんげん》がいる薨星宮が地下にある呪術高専東京校と天皇の住まいがある皇居の2ヶ所に結界があるということは、天皇の祭祀王としての側面を意識した設定といえるだろう。ちなみに江戸城は、徳川家康のブレーンだった天台《てんだい》宗の僧・天海《てんかい》が結界を施した都市計画を行なった。

では、「明治に張り直した皇居を中心とした結界」とは何か。考えられるのは、明治元年（1868）に定められた准勅《じゅんちょく》祭社《さいしゃ》だ。勅祭社とは、祭祀において天皇の使者・勅使が派遣される神社のことで、畿内二十二社などがある。東京遷都に伴い、東京においても勅祭社に準ずる12の准勅祭社が選定された。このうち23区内にある10社は皇居を囲むように配置され、現在は東京十社と呼ばれる。准勅祭社の制度は明治3年（1870）には廃止されたが、遷都直後に新たな帝都と人々の安寧を願い、天皇の使者を派遣して祭祀が行なわれたのだ。

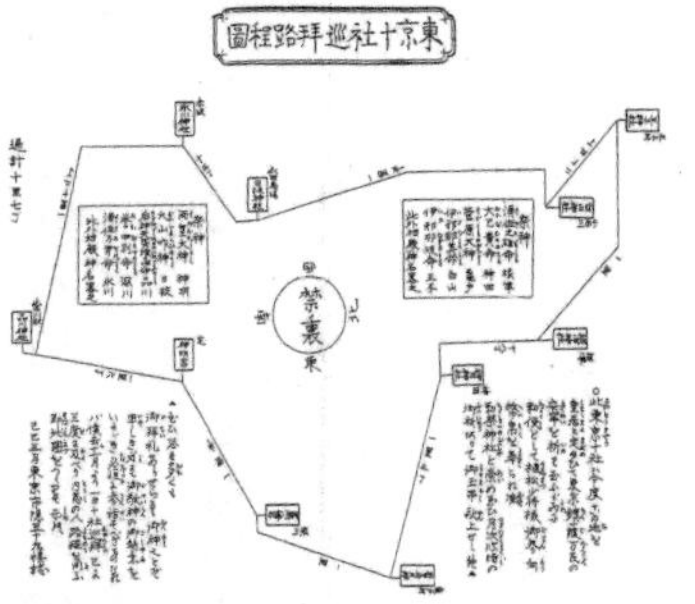

東京十社巡拝路程図
神田神社（神田明神）、亀戸天神社、富岡八幡宮、芝大神宮、品川神社、赤坂氷川神社、日枝神社、白山神社、王子神社、根津神社が皇居（禁裏）を囲むように守護している。

あらゆるモノに霊が宿る「カミの国」

日本で呪霊が大量に生まれる理由

『呪術廻戦』第136話では、日本に4人しか存在しない特級呪術師の九十九由基《つくもゆき》に対して、特級呪術師だった夏油傑《げとうすぐる》に寄生した謎の呪詛師《じゅそし》・羂索《けんじゃく》が「海外では日本に比べて呪術師や呪霊の発生が極端に少ない」と語っている。日本は世界的にも突出した「呪いの国」という設定になっている。

日本では古代に、文字がまだない時代からあった自然信仰をベースとしたオリジナルの信仰である神道がある。神道における神々は八百万《やおよろず》の神と形容され、唯一絶対の神は存在せずに山や岩、木、風などあらゆるものに神霊が宿るとされる。さらには人間や長年使われた道具ですらカミとなる。『呪術廻戦』では、人間の「恐れ」から呪霊が生まれるとされるが、日本ではあらゆるものにカミが宿るという意識から「恐れ」が生まれやすい精神土壌があるといえるだろう。

一方で、西欧の宗教の多くは唯一絶対の神（GOD）を信仰する。例えば、同じ神を起源とする、ユダヤ教、キリスト教、イスラム教の3つの主要宗教では、あらゆるものを創造した神が最後にすべての生物を治める者（霊長）として、人間をつくったとされる。そのため、GOD以外への畏れは生まれづらいのである。

文化庁の宗教統計調査（令和4年度）では、各宗教の信者数は、神道系で約8700万人、仏教系で約8300万人となっており、合わせると日本の人口を大きく上回る。これは日本人の多くが、特定の宗教に属していないことをあらわしている。

日本ではあらゆるものにカミが宿るとするアニミズムから神道が生まれたが、6世紀頃に仏教が伝来すると、日本のカミと仏教における仏が同じものと考える神仏習合《しんぶつしゅうごう》の思想が生まれた。仏教以外にも、中国から道教《どうきょう》や儒教《じゅきょう》、陰陽五行説《いんようごぎょうせつ》などが伝来し、陰陽道《おんみょうどう》や修験道《しゅげんどう》などが生まれた。

そのため、日本ではひとことに呪術といっても、大きく分けて神道系、中国で生まれた道教系、陰陽五行説から独自に発展した陰陽道系、日本の山岳信仰をベースに神道・道教・密教などが合わさった修験道系、空海によって体系化された密教系の5つの系統が存在する。

『呪術廻戦』に個性豊かな呪術師が登場するように、実際に日本にはバリエーション豊かな呪術師が存在するのである。

日本の呪術の歴史

〔縄文時代〕文字より先に生まれた日本の呪術

自然界のカミに祈る女神の呪術

日本における呪術の源流は、あらゆるものに精霊が宿るとする自然信仰だ。四方を海に囲まれ、国土の7割が山岳地帯であり、四季がある日本は自然から豊かな恵みを得ることが可能である。そのため、狩猟採集を中心とした縄文時代は1万年以上も続いた。狩猟採集社会がこれほど長く続いた例は日本のみである。一方で、豊かな自然は時として人々に災厄をもたらし、地震、台風、洪水、季節変動、疫病の流行など、日本を災害多発地帯にした。そのため、人々は恵みと災厄をもたらすカミ（自然）を恐れ、カミに祈った。

縄文時代の代表的な呪物が土偶《どぐう》だ。現在までに発見された土偶の数は約2万点で、その多くは女性をかたどったものである。自然と同じように生命を産み出す女性への畏れから生まれた女神信仰があったと考えられるほか、安産や、出産によって亡くなった女性の慰霊を目的としたともいわれる。また縄文文化を代表する土器は、世界最古級であるとともに、その造形美は世界の先史土器と比べてもレベルが高い。有名な火焔《かえん》型土器をはじめ、シャーマンや妊婦をかたどったものなど、何らかの祭祀に用いられたと考えられている。

土偶の多くはバラバラの状態でみつかることが多く、ほとんどの土偶は手足や首が欠損した状態で発見される。人為的に破壊されたとする説があり、現に土偶は破壊しやすいつくりとなっている。記紀神話には食物の女神が斬り殺されるとその体からさまざまな穀物が生えてきたエピソードが記されていることから、女神の土偶を破壊してその破片をまくことで五穀豊穣を願った可能性が指摘されている。

また土偶が人間の身代わり（形代《かたしろ》）だったとする説もある。病気やケガをした患部と同じ位置を破壊して、治癒を祈ったとするものだ。土偶は弥生時代になると廃れるが、現在でも神社における大祓で、人形《ひとがた》に穢れをうつして流すなど、同様の呪術が受け継がれている。

〔弥生時代〕呪術による統治のはじまり

多彩な呪具の誕生

縄文時代から弥生時代にうつると、社会はより大きな集団へと発展していった。大陸の文化の影響をより強く受けるようになり、青銅の剣、銅鐸《どうたく》、鏡などが呪術に用いられるようになった。弥生時代を代表する遺物である銅鐸はその用途がわかっておらず、「銅鐸」という名称も8世紀の書物でようやくみられるなど謎が多い。古墳時代になると人為的に破壊され埋納されたことから、古墳時代に抹消された呪具といえるだろう。一方で、天皇が皇位継承をするための三種の神器《じんぎ》は、鏡、剣、勾玉《まがたま》であり弥生時代に源流を持つ呪術文化にあったことがわかる。

3世紀の日本を伝える『魏志』倭人伝には、邪馬台国の女王・卑弥呼《ひみこ》が「鬼道《きどう》」を用いたと記されている。「鬼道」とは古代中国において中国の習慣にはない宗教や呪術を指す。中国語では「鬼」はもともと死者のことを指すことから、何らかの祖霊崇拝の祭祀を行なっていたとも考えられる。神道は、自然信仰と祖霊崇拝の2つで構成されているが、縄文時代の自然崇拝に、弥生時代により発展した祖霊崇拝がベースとなっている。卑弥呼は文字文献に記録された日本最古の呪術師といえるだろう。

『魏志』倭人伝では古代日本人の習俗のひとつとして、入《い》れ墨《ずみ》が紹介されている。入れ墨の文様は身分や地域によって異なり、海人は入れ墨をして漁をするとある。呪術的な入れ墨文化は、縄文時代にはじまったともいわれるが、古墳時代に入ると失われていき、やがて蝦夷《えみし》など特定の人々の習俗とされた。

『呪術廻戦』においても虎杖悠仁が両面宿儺に意識を乗っ取られた際に、体に文様が浮かび上がる。『日本書紀』に記された両面宿儺は、ヤマト王権に反発した岐阜県飛騨《ひだ》高山地方の豪族だが、『呪術廻戦』の両面宿儺も反逆者としての側面がある。古代日本における呪術的な入れ墨の意味がよくわかる描写といえる。

弥生時代の呪術
吉野ヶ里遺跡（佐賀県神埼郡吉野ヶ里町）で再現された弥生時代の祭祀の様子。

〔古墳時代前期〕神話に記された呪いの原点

謎に包まれた「空白の4世紀」

『魏志』倭人伝における日本の記述は、卑弥呼のあとを継いだ女王・壱与《いよ》が西暦266年に晋《しん》に使者を送った記述を最後に途絶える。次に登場する古代日本の記述は、奈良県天理市の石上《いそのかみ》神宮に所蔵される国宝・七支刀《しちしとう》に記された銘文で、この刀が西暦369年につくられ、百済《くだら》王の世子（後継者）が倭王に送ったことが記されている。この銘文と符号するように、『日本書紀』神功《じんぐう》皇后摂政《せっしょう》52年の条には百済から七枝《ななつさやの》刀《たち》（七支刀）が贈られた記述がある。『魏志』倭人伝から七支刀の記述までの約100年間に日本初の王朝・ヤマト王権が誕生したことになる。この初期ヤマト王権の時代は「空白の4世紀」と呼ばれる。

ちなみに石上神宮は、伏黒恵《ふしぐろめぐみ》の術式・十種影法術《とくさのかげぼうじゅつ》のモチーフとなった神話を伝える神社で、伏黒が式神《しきがみ》のひとつを発動する際の「布瑠部由良由良《ふるべゆらゆら》」の呪文は、この神社に伝わる鎮魂法の祝詞の一節である。

考古学的にヤマト王権の誕生を探ることは難しいが、記紀には初代神武《じんむ》天皇が即位するまでの神話が記されている。イザナギとイザナミの夫婦神は、地上世界（日本列島）や、山、海、風の神などさまざまな自然神を生んだ。しかし、火の神を産んだ際の火傷が原因でイザナミが亡くなり、イザナギは妻のいる死者の国・黄泉の国を訪れる。腐乱した妻の姿に驚いたイザナギは逃げ出し、イザナミは恥をかかされたと夫を追った。黄泉比良坂《よもつひらさか》で大岩を挟んで対峙するとイザナミは夫に、「1日1000人の人間を殺す」と宣言した。これに対しイザナギは、「ならば私は1日1500人の子を産ませる」と返した。これが、日本初の呪詛（相手に災いが及ぶように呪うこと）であり、呪詛返しであるとされる。

『呪術廻戦』に登場する狗巻棘《いぬまきとげ》は「呪言師《じゅごんし》」という特殊な能力を持っているが、これは言葉には霊力があり、口にした言葉が現実に影響を与える「言霊《ことだま》信仰」をベースにしている。イザナギとイザナミの言葉は言霊による呪術の原点といえるだろう。

呪詛は日本建国においても重要な役割を担った。『日本書紀』では、神武天皇が南九州から奈良へと入る道程において、大和（奈良県）入りに抵抗するヤソタケルを調伏するために、呪詛を行なった記述がある。天皇家は呪術の力によってヤマト王権を樹立したことが正史に記されているのだ。

〈古墳時代後期〉 呪術の国家機関の誕生

大陸から最先端呪術が大量に伝来

古墳時代後期（飛鳥時代）は、日本が世界と活発に交流した時代だ。中国における三大宗教である儒教、道教、仏教に加え、自然科学的に世界を捉える陰陽五行説などの知識が日本に伝来した。これにより、それまでのアニミズム的な信仰に、さまざまな学術的な知識が組み込まれたパラダイムシフトが起きた。

『日本書紀』には、513年に百済から五経《ごきょう》博士が渡来した記録がある。五経とは儒教の5つの経典「詩」「書」「礼《らい》」「易《えき》」「春秋《しゅんじゅう》」のことで、このうちの易経は現代でも易占いがあるように呪術的な知識が記されている。五経博士の渡来から40年後の553年には、百済に「当番制により、医《くすし》博士、易博士、暦《れき》博士を交代させてほしい」と申し入れた記録がある。この間に日本と百済の間で博士が交代で来日する制度ができており、呪術は飛躍的に発展したことがうかがえる。

陰陽五行説は、世界のあらゆるものは陰と陽が対《つい》（女と男、地と天など）となっており、さらに木・火・土・金・水の5つの要素に分けられ、その組み合わせからあら

晴明神社の晴明井（京都市上京区）
五芒星は安倍晴明が考案した図形とされ、陰陽五行説の世界を構成する5つの要素をあらわしている。

ゆる自然現象が起こるとされる。また仏教は悟りを開いて仏になることを目指す信仰、道教は不老不死の仙人になることを目指す宗教である。これらの最先端知識は日本で独自に体系化され、道教・儒教・陰陽五行説が合わさって陰陽道が、神道・道教・密教・日本古来の山岳信仰が合わさって修験道が生まれた。ちなみに前述した亀卜が伝来したのも飛鳥時代である。

６７２年、古代における最大の内戦・壬申《じんしん》の乱に勝利して即位した天武《てんむ》天皇は、新たに陰陽道の役所・陰陽寮を設立した。『呪術廻戦』においても、主人公たち呪術師が所属する呪術高専は公立の学校だ（表向きは宗教系の私立高校）。壬申の乱で天武天皇は、陰陽道における占いの道具「式盤《ちょくばん》」を駆使して勝利を導いたとされ、『日本書紀』には「天文・遁甲《とんこう》（占術）の術に長けている」と記されている。天武天皇は高いレベルの呪術師でもあったのである。

〔奈良時代〕国家による呪術の管理

法律による呪術の規制

『呪術廻戦』第74話では、「盤星教《ばんせいきょう》は奈良時代　天元様《てんげん》が日本仏教の広がりと共に術師《マイノリティ》に対する道徳基盤を説いたのが始まりだ」とあり、実際に奈良時代には呪術に関する諸制度がつくられた。奈良時代は律令《りつりょう》国家が完成した時代といわれる。律は刑法、令はそれ以外の行政法・商法・民法にあたる法律のことで、この律令を制定する朝廷を中心とした統治体制を指す。

この律令制に呪術も組み込まれた。陰陽寮においても、天文を学ぶ天文生は占術の書を読むことは禁止された。また陰陽寮に所属する人々は陰陽道に関する書物や器物の私有は処罰対象となった。律令制度に基づいて設立された医療を扱う役所・典薬寮《てんやくりょう》では、医師や鍼師《はり》などとともに呪禁師《じゅごんし》が所属した。呪禁師とは道教系呪術で治療を行なう呪術師である。

朝廷が最も重要視したのが仏教である。741年、聖武天皇《しょうむ》が国分寺設立の詔《みことのり》を出し、奈良時代を通じて全国に寺が建立された。仏教による呪法によって国家鎮護を祈願したのである。これによって呪術の国家管理と独占が進められるようになったのである。

奈良時代に実在した「呪術規定」

奈良時代には、一般大衆における呪術も規制の対象となった。律令制によって中央政権の力が強まり、税や労働の負担などが増大。人々はその救いを呪術に求め、民間の呪術師たちがもてはやされた。これに対して朝廷は、民間で行なわれる祭祀を「淫《いん》祀《し》」、国家に悪影響をもたらす学問を「左道《さどう》」と呼び、処罰対象とした。『続日本紀《しょくにほんぎ》』には、「淫祀を崇めて、呪いのお札《ふだ》などの怪しげな物が街路に満ち溢れている」と記録されている。

『呪術廻戦』では、呪術規定と呼ばれる呪術界の決まりがあり、呪術師が非術師（一般人）を呪術で殺すことを禁止し、これを破ると「呪詛師」に指定される。第77話では村人112人を呪霊操術《じゅれいそうじゅつ》で殺害した夏油傑《げとうすぐる》が、「呪術規定第9条に基づき呪詛師として処刑対象となる」とある。この呪術規定第9条に似た規定が奈良時代にも存在する。『続日本紀』には、729年に「厭魅《えんみ》（呪術による殺人）呪詛によって物を傷つける者は、首謀者は斬首、従犯は流罪」と民間呪術による犯罪を重罪とする勅令が出されている。

〔平安時代〕呪術の全盛と怨霊《おんりょう》の誕生

最強呪術・密教の伝来と修験道の完成

『呪術廻戦』第136話で羂索は「始まるよ 再び呪術全盛 平安の世が…!!」と語り、渋谷事変以降、羂索によって全国10ヶ所に設定された結界《コロニー》内は呪術師、呪詛師、呪霊が蠢く場所となった。羂索がいったように、日本の歴史において、呪術が最も重要視され、怨霊や鬼といった物《もの》の怪《け》が跳梁跋扈《ちょうりょうばっこ》した時代が平安時代だ。また「呪いの王」と称される両面宿儺《りょうめんすくな》は1000年以上前に実在した人間という設定になっている（第3話）。

806年、空海が唐から帰国し、体系化された密教が日本にもたらされた。その影響は大きく、わずかな期間で既存の仏教勢力を圧倒して呪術の主流派となった。一方、それまで呪術の主流だった陰陽道もまた、空海が持ち帰った陰陽道関係の書物などの功績もあり、ほぼ完成する。密教が国家鎮護などの公的で大規模な祈禱を行なうのに対し、陰陽道は天皇や貴族などの生活に根づいた呪術として用いられるようになった。貴族の生活はその日に行なうことや向かう方角など、陰陽道に基づく生活スタイルが取られるようになった。

呪術師と怨霊が跋扈《ばっこ》する都

平安時代は、空海、賀茂忠行《かものただゆき》、安倍晴明《あべのせいめい》などの卓越した呪術師たちが現れた一方で、怨霊《おんりょう》による脅威が増した時代だった。そもそも平安京遷都は怨霊が一因である。784年、桓武《かんむ》天皇は奈良の平城京から長岡京への遷都を決定した。しかし785年、新都推進者の藤原種継《たねつぐ》が何者かに暗殺されると、その犯人として桓武天皇の弟・早良《さわら》親王が捕らえられた。無実を訴える早良親王は断食し、餓死してしまった。その後、桓武天皇の近親者の病死、疫病や洪水などの災害が頻発した。桓武天皇が陰陽師に原因を探らせたところ早良親王の祟りと判明。長岡京は呪いの都としてわずか10年で廃され、794年、陰陽道による都市計画がなされた平安京へと再遷都されたのである。このほか平安時代には日本三大怨霊の平将門《たいらのまさかど》、菅原道真《すがわらのみちざね》、崇徳《すとく》天皇をはじめ、多くの怨霊が生まれ人々を恐れさせた。

平安京は明治時代に東京遷都が行なわれるまで都であり続けた。『呪術廻戦』第4話で五条悟《ごじょうさとる》が「人口に比例して呪いも多く強くなる」「地方と東京じゃ呪いのレベルが違う」と語っているが、当時の平安京は呪術と怨霊がうずまく地だったのである。

〔鎌倉・室町時代〕戦争に利用される呪術

呪術合戦と怨霊封じの儀式

極端な呪術偏重の貴族社会は、やがて武力を持った武士たちによって脅かされるようになった。1185年に鎌倉幕府が成立すると政権は貴族から武士に移行。呪術祭祀は国家の中心ではなくなった。それでも13世紀の二度にわたる元寇《げんこう》では、蒙古《もうこ》調伏の祈禱が全国の神社仏閣で行なわれ、暴風雨によって元軍撤退を導いたとされる。

室町時代の1467年に起きた応仁《おうにん》の乱によって平安京は灰燼《かいじん》に帰した。やがて戦国時代になると、戦争を有利に進めるため、あるいは戦闘力を向上させるために積極的に呪術が用いられるようになった。呪術は武力をサポートする役割へと変わったのだ。

『呪術廻戦』では、呪詛師や呪霊との戦闘を担当する呪術師をサポートする「補助監督」と呼ばれる役職の者がいる。戦闘には参加せず、任務の指示や「帳」「式神」などで呪術師をバックアップする者だが、戦国武将たちも戦に際して「補助監督」のような役割を担う「軍配者《ぐんばいしゃ》」と呼ばれる呪術師を同伴した。軍配者は、戦闘開始や築城の日時、進軍ルートなどを占い、敵の気や天気を読み解く軍師で、戦闘のサポートをする呪術師である。

１５６１年には、山陰・山陽を支配した尼子晴久《あまごはるひさ》・義久《よしひさ》と毛利元就《もうりもとなり》との間で呪術合戦ともいえる戦いが行なわれた。尼子側は出雲大社や六所神社、大山寺《だいせんじ》などで怨敵降伏の祈禱を行なわせた。一方、元就は嚴島神社で尼子晴久の人形をつくって調伏の祈禱を行なわせ、７日目にその首が落ちたという。この呪術のためか、晴久はその年に急死した。戦によって多くの死者が出る時代にもかかわらず戦国時代には平安時代ほど怨霊が生まれなかった。というのも戦国武将は戦に勝利した際に怨霊封じの儀式を行なっていたからである。討ち取った敵武将の首実検をする際には、首化粧をほどこし、一礼をしてから顔を確認した。また恨《うら》みを残して死んだと思われる形相の者については首祭りという鎮魂の祭祀を行なった。

『江戸繪日本史』に描かれた神風
元軍の上空に神々が現れ元軍を嵐で打ち破る様子。二度にわたる元寇では全国の神社仏閣で怨敵調伏の呪術が行なわれた。

〔江戸時代〕呪術師がつくった結界都市・江戸

呪術マンダラによって守られる江戸

100年以上続いた戦国時代が終わると、幕府を開いた徳川家康は宗教統制に乗り出した。家康のブレーンであり、「黒衣《こくえ》の宰相」と呼ばれた金地院崇伝《こんちいんすうでん》は、1612年にキリスト教禁止令を出し、キリスト教徒ではない証として、身分を問わず人々を特定の寺院に所属させた。また政権運用に用いられたのは呪術的要素が低い儒教だった。

崇伝とともに家康に登用されたのが、天台宗の僧・天海だ。天海は天台密教と神道を合わせた山王一実《さんのういちじつ》神道を創出した。天海は自らの理論に基づき江戸の街に呪術的都市整備を施した。江戸城を中心に魔が入り込む鬼門《きもん》（東北）方向に三大怨霊のひとり・平将門を祀る神田明神をうつし、平安京の鬼門を守る比叡山《ひえいざん》にならい東叡山《ひがしえいざん》・寛永寺を建立した。鬼門と反対方向の裏鬼門（南西）方向には、それまで江戸城内にあった比叡山の地主神を祀る日枝《ひえ》神社をうつした。また江戸城の真北には家康が祀られた日光東照宮、真南には増上寺がある。寛永寺と増上寺は歴代徳川将軍の墓所となり、菩提寺に定められた。

『呪術廻戦』第117話で五条悟が禪院《ぜんいん》家と五条家との仲の悪さについて語るシーンでは「江戸時代？ 慶長？ 忘れたけどそん時の当主同士がね 御前試合で本気で殺《や》り合って両方死んだの」といっている。金地院崇伝と天海もまた家康の死後、2代将軍秀忠の前で論争を行なった。慶長年間ではないが、慶長が終わった2年後の元和《げんな》2年（1616）、家康の祀り方について崇伝が日本古来の信仰である神道的な「明神」の神号を、天海は自らが編み出した山王一実神道に基づく「権現《ごんげん》」の神号を主張。豊臣政権が短命に終わったのは秀吉を豊国《ほうこく》大明神として祀ったから、という天海の主張が採用され、家康は東照大権現として祀られるようになった。

家康の埋葬地である日光東照宮と江戸城の距離は、皇祖を祀る伊勢神宮と京都御所との距離とほぼ同じだ。天海は皇祖と並ぶ神格を家康に与えたのだ。また寛永寺が建立された上野にはもともと五條天神社《ごじょうてんじんじゃ》があり、相殿《あいどの》に祀られている菅原道真《すがわらのみちざね》の像は1641年に天海が開眼し祀ったものと伝えられる。菅原道真は三代怨霊のひとりで、五条悟はその子孫という設定である。禪院家と五条家の江戸時代の争いと、金地院崇伝と天海の神号論争にはいくつもの共通点がみられるのだ。

〈明治時代以降〉政府による呪術の禁止

呪術界が壊滅的打撃を受けた明治時代

時代ごとの政権はさまざまな信仰を国家運営に利用したが、明治時代になると新政府は神道を採用。早くも1868年（慶応4年・明治元年）には、仏教伝来以来1300年以上続いた神仏習合（神と仏を同一とする考え方）の文化を改め、神仏分離を進めた。律令制度時代にあった神祇官《じんぎかん》を再興して神道の国家管理を進める一方で仏教は冷遇され、一部地域では寺院や仏像を破壊する廃仏毀釈《はいぶつきしゃく》運動が起きた。

仏教だけではなく、明治3年（1870）には天社《てんしゃ》禁止令を発布して陰陽道を禁止し、陰陽寮も廃止となった。さらに明治5年（1872）には修験道禁止令が出され、一部は新政府が公認した教派神道と呼ばれる神道系教団となった。新政府は呪術を排除することで日本の近代化を進めたのである。

新政府は神道以外の宗教を国家体制から締め出したが、呪術が完全に衰退したわけではない。陰陽道系呪術が伝わる高知県物部《ものべ》村の「いざなぎ流」、青森県恐山《おそれざん》で口寄《くちよ》せを行なうイタコなど、民間では呪術が伝承された。また、前述した教派神道系教団の一部では陰陽道や修験道などが教義や儀式に反映された。明治時代以降の呪術への規制は戦後に解除された。

『呪術廻戦』における明治時代の出来事といえば、第60話で語られた加茂憲倫《かものりとし》（羂索）による呪術実験だろう。憲倫は明治の初めに呪霊の子を孕《はら》む特異体質の娘に呪霊と人間の間に子をもうけさせ、九度の懐妊と九度の堕胎によって呪胎九相図《じゅたいくそうず》という特級呪物を生み出した。

明治時代に呪術は禁止されたが、人々の闇の力への興味は薄れることなく、心霊現象や超常現象、超能力へと向けられ、オカルトブームが起こる。そして、第60話で語られた「呪霊の子を孕む特異体質の娘」と同様に、空気中から神水を取り出したといわれる長南年恵《ちょうなんとしえ》、遠隔地をみることができる千里眼《せんりがん》を持つとされた御船千鶴子《みふねちずこ》、透視と念力の力を持つとされた長尾郁子《ながおいくこ》など、超自然的な能力を持つと自称する人々が次々に現れた。

呪術実験によって異端とされた呪術師・憲倫を作中で明治時代の人物とした設定は、呪術界における大きな転換点を迎え、オカルトブームによって超能力者を名乗る人々が頻出した時代と合致するのだ。

コラム

国家による呪詛が復活した太平洋戦争

明治維新後、呪術を迷信として位置づけ近代国家を建設した日本。しかし、日米開戦後に物量や工業力の差によって追い詰められた日本が頼ったのは否定したはずの呪術だったともいわれる。１９４５年１月に密教によってアメリカのフランクリン・ルーズベルト大統領を呪詛する祈禱がはじめられたという。全国各地の密教の高僧が東京に集められたとも、全国の寺院で分散して行なわれたともいわれるが、詳細な記録は残されていないため確かなことはわかっていない。ちなみに、映画『帝都大戦』にも同様のシーンが描かれている。

フランクリン・ルーズベルト
太平洋戦争時のアメリカ大統領ルーズベルトは、終戦間際の1945年4月に急死した。

呪詛開始から3ヶ月後の4月12日、自身の肖像画を描かせていたルーズベルトは突然倒れ、そのまま亡くなった。死因は脳溢血《のういっけつ》だった。もっとも日本の劣勢がくつがえることはなく、あとを継いだハリー・トルーマンによって戦争は継続され、8月15日、昭和天皇の玉音放送によって日本は終戦を迎えた。

第2章

『呪術廻戦』にみる日本の呪法

日本で生まれた5つの呪術系統

融合しながら生まれる日本独自の呪術

世界屈指の呪術大国

『呪術廻戦』では、呪術師や呪霊《じゅれい》ごとに個性的な「術式《じゅつしき》（呪力による技）」や「領域展開（結界）」が登場するが、実際に歴史的にみても日本で生まれた呪術の数は多く、バリエーション豊かだ。日本は呪いの国であることを前述したが、その呪いから生まれる呪術も世界屈指の質と量がある。その原因は、さまざまな宗教の呪術を寛容に受け入れ、さらに複数の宗教を組み合わせることで日本独自の呪術が生まれていったことにある。ここでは、日本で発展した5つの呪術系統（神道《しんとう》、道教《どうきょう》、陰陽道《おんみょうどう》、修験道《しゅげんどう》、密教《みっきょう》）について解説しよう。

日本が太古から育んできた神道系呪術

世霊魂にアクセスする日本独自の呪術

神道は、明確な教義や戒律がなく、その信仰は神話をベースにしている。記紀神話には、「のろひ」「まじない」「とこひ（呪詛）」「かしり（呪り）」「うけひ（誓約）」など実に多くの呪術が登場する。神道における呪術の源泉は、「霊魂」だ。神道系呪術では霊魂の力を活発化したり、転換したり、呼び戻すことで超自然的な現象を引き起こす。『呪術廻戦』では人への恐れから生まれた呪霊・真人《まひと》が「魂の形」について言及するシーンが多く描かれ、術式「無為転変《むいてんぺん》」では、人の魂を変えることで異形の体へと変えてしまう。霊魂によって万物が成り立つとする神道的な思想に基づいた術式といえる。

神道では霊魂は大きく分けて、恵みをもたらす「和魂《にぎみたま》」と荒ぶる性格である「荒《あら》魂《みたま》」の2つの側面がある。例えば、雨は田畑に潤いを与え作物を育てる一方で、洪水などを引き起こす。荒ぶる神霊の御霊《みたま》を鎮め、恵みへと換えることが神道系呪術といえるだろう。

大陸からもたらされた道教系呪術

病気を治療する大陸由来の呪術

大陸からもたらされた多くの呪術のうち、いち早く伝来したのが道教系の呪術だった。陰陽道の公的機関である陰陽寮とともに、道教系呪術も国家管理下に置かれ、宮中の医療を行なう役所である典薬寮《てんやくりょう》に属された。『呪術廻戦』では、回復を促したり、ケガの進行を止める術式である反転《はんてん》術式が登場するが、道教系呪術は呪禁道《じゅごんどう》と呼ばれ、呪禁師は呪術で病気を治療する専門職とされた。中国・唐の医学書『千金翼方《せんきんよくほう》』には、マラリアを起こすとされる瘧鬼《ぎゃくき》（疫病をひきおこす鬼）の動きを封じる呪文など呪禁による治療法が数多く掲載されている。日本でもこの唐にならって呪禁師を置いたのである。しかし、日本では道教を取り入れた陰陽道や修験道などが起こり、さらに空海《くうかい》によって密教がもたらされたため呪禁道は衰退した。貴族たちは日常生活の指針である陰陽道や最新の密教に、医療の役割を求めたのである。こうしたことから呪禁の役職は9世紀末に消滅した。

日本で独自発展した陰陽道系呪術

あらゆるケースに対応可能なオールラウンド呪術

呪術といえばやはり陰陽師だろう。映画や小説などで描かれたことから、「日本版の魔法使い」のイメージが広く浸透している。陰陽道は平安時代に貴族たちに支持され、日常の生活スタイル全般に陰陽道が影響を与えた。陰陽道とは、天文と暦《れき》、占術、そして世界の仕組みとされる陰陽五行説《いんようごぎょうせつ》の理論を体系化したものだ。陰陽道系の呪術は、これらの理論を駆使することで、未来を予測し、目にみえない世界の仕組みにアクセスすることで、目にみえる世界を操作する、ということになる。

陰陽道は神道との共通点が多いが両者の違いは、陰陽道が目にみえない世界の裏側にある歯車を操作するイメージ、神道は万物に備わる魂のエネルギーを利用するイメージといえば伝わるだろうか。陰陽道系呪術は、病気治癒から調伏、国家規模の鎮護など、大小問わず、あらゆるケースに臨機応変に対応できる、利便性の高い呪術といえるだろう。

山中修行で得た力を操る修験道系呪術

民間から生まれた呪術

奈良時代以降、ほとんどの呪術が国家の管理下に置かれたのに対して、民間から生まれたのが日本独自の山岳信仰をベースに神道や道教、雑密《ぞうみつ》（空海《くうかい》以前の密教）などを合わせた修験道である。神や鬼が棲む人外の地とされた山中で修行を行ない、不老不死である神仙《しんせん》となることを究極の目的とする信仰だ。修験道の開祖は役小角《えんのおづぬ》（役行者）という7世紀の人物だが、人々を惑わす邪法を扱うとして、伊豆大島へ流罪となった。しかし小角は夜間に飛行して富士山中で修行をするなど超人的な伝説を数多く残している。山中には薬の素となる薬草や菌類、化学薬品となる鉱物資源などがある。修験者たちはこれらから薬をつくり、呪術とともに人々の治療を行なうなどしたため民間からも支持された。修験道は神道、呪禁、陰陽道などの呪術とは異なり、自らの心身のレベルを高めることで生まれる呪術といえるだろう。『呪術廻戦』でいえば、先天的に持っている術式ではない「黒閃《こくせん》」などが修験道的な呪術といえる。

空海がもたらした最強呪術・密教系呪術

さまざまな仏にアクセスする呪術

密教はそれまでの日本にはない理論的かつシステマティックな呪術で、鎌倉時代以降、朝廷や武家政権を問わず、国家的に重要な祈禱には密教が用いられるようになった。密教は空海を祖とする真言《しんごん》密教と、最澄《さいちょう》を祖とする天台《てんだい》密教の2系統に分類されるが、密教的要素は仏教のあらゆる宗派に影響を与えた。密教系呪術の特徴は、儀式によって仏の力を借りる点である。仏教では、仏が人々を救うためにさまざまな姿となって現れるとされ、それぞれの仏ごとに専門的な能力を持つ。密教系呪術では、祈願内容によって適切な仏にアクセスしてその力を発揮することになる。例えば、敵を調伏する場合は、武力をもって国家を鎮護する仏である大元帥《だいげんすい》明王の力にアクセスする（大元帥法）。

以上、日本における呪術の大まかな5つの系統を説明した。次に『呪術廻戦』に登場する術式などから実在する呪術を紹介しよう。

陰陽道系

伏黒恵《ふしぐろめぐみ》の十種影法術《とくさのかげぼうじゅつ》にみる「式神《しきがみ》」

安倍晴明が使役した式神・十二神将

『呪術廻戦』において、主人公・虎杖悠仁《いたどりゆうじ》の同級生の伏黒恵の術式・十種影法術は、呪術御三家のひとつ・禪院《ぜんいん》家相伝のもので、十種の式神を使役する呪術だ。式神の「式」とは「もちいる」の意味だ。陰陽道における式神には、神霊系と操作系の2種類がある。

『大鏡《おおかがみ》』には次のような話がある。花山《かざん》天皇が出家した際に安倍晴明《あべのせいめい》の自宅の前を通った。天皇の出家を霊力で察知した晴明は家の中で手を打って「車の用意をせよ。式神ひとり内裏《だいり》（宮中）へ参れ」といった。すると式神が戸を押し開けて出てきて「ただいま帝はご門前をお通りになりました」と伝えたという。式神は普通の人にはみえない神霊で、陰陽師の召使い的な役割を担《にな》った。

晴明は十二神将という式神を使役したとされ、『源平盛衰記』には晴明の妻が、式

『不動利益縁起絵巻』(部分)
東京国立博物館 蔵　画像提供:TNM image Archives
疫病を祓う儀式を行なう安倍晴明の傍らには2人の式神(右下)が描かれている。

神・十二神将が家の中をうろつくのを恐れたため、普段は京都の一条戻橋《いちじょうもどりばし》の下に隠し、用事がある際に呪縛を解いて呼び出したとある。

この十二神将とは、陰陽師の占術に用いられる道具「式盤《ちょくばん》」に記された十二天将のことを指すとされる。また、『呪術廻戦』第117話に登場した十種影法術における最強の式神「八《や》握剣《つかのつるぎ》 異戒神将《いかいしんしょう》 魔虚羅《まこら》」のモデルは、仏教における十二夜叉大将のひとり・摩《ま》虎羅《こら》と考えられる。

古典に記された伏黒恵の式神

もうひとつの操作系の式神は、紙や木片などの無生物を陰陽師の呪力によって、動物などの姿に変えて操るもので、目的が達成するともとの紙や木片に戻る。『呪術廻戦』第7話に登場した十種影法術の式神・鵺《ぬえ》は骸骨《がいこつ》の面をつけた怪鳥だが、『宇治拾遺《うじしゅうい》物語』には次のような話が伝わる。

藤原道長《みちなが》の依頼を受けて呪詛《じゅそ》をかけられた呪物を発見した晴明が、懐から紙を取り出して引き結んで呪文をかけた。すると紙は白鷺の姿へと変わり呪詛をかけた呪術師・蘆屋道満《あしやどうまん》の家へ降り立ったという。

また同じく『宇治拾遺物語』には、蔵人少《くろうどのしょう》将《しょう》が参内しようとした時、カラスが飛んできて汚物をかけた。晴明はこのカラスが式神であることを見抜き、死へと至る呪詛がかけられたことを少将に伝え、呪術によってその身を守った。晴明に見破られた式神は、呪詛をした者に逆戻りしたため、翌日懺悔して名乗り出たという。

『大日本史略図会』晴明の奇術紙鳥化して飛去るの図
安倍晴明は紙を引き結んで呪文をかけると、紙は白鷺の式神となって呪詛をかけた蘆屋道満のもとへ飛んでいった。

式神にまつわる白犬と蝦蟇《がま》のエピソード

晴明のエピソードには、伏黒の十種影法術における式神のモデルがほかに2つある。ひとつは偵察や戦闘などを行なう式神・玉犬《ぎょくけん》「白」だ。前述した『宇治拾遺物語』の藤原道長のエピソードでは、道長が法成寺《ほうじょうじ》を訪れたところ飼っている白犬が服を噛んで寺門に入ることを妨げた。こうしたことから道長は晴明に相談をしたという。呪物を察知した道長の白犬の姿は、索敵を行なう伏黒の玉犬「白」と重なる。

また、伏黒の式神のひとつに蝦蟇《がま》があるが、『今昔物語集』には次のような話がある。ある日、呪殺について晴明に話を聞いていた貴族が庭にいる蝦蟇を殺すようにいった。気が進まないながら、晴明は草の葉に呪文をかけて式神にして飛ばした。そして草の葉が蝦蟇に触れた瞬間、蝦蟇はぺしゃんこに潰れて即死したという。

『御堂関白殿の犬』
藤原道長が門を潜ろうとしたところ、白犬が服を噛んで離さなかった。門の地中には道長を呪う呪物が埋められていた。

神道・道教系

釘崎《くぎさき》野薔薇《のばら》の芻霊呪法《すうれいじゅほう》にみる「厭魅《えんみ》」

呪術全盛期に生まれた代表的な呪詛

「呪い」の最も典型的なイメージといえば、呪う相手を模した藁《わら》人形に五寸釘を刺す丑《うし》の刻《こく》参りだろう。『呪術廻戦』でも、虎杖の同級生・釘崎野薔薇の術式である芻霊呪法「共鳴《ともな》り」は、相手の一部とともに藁人形に金槌で釘を打ち込むことで、相手にダメージを与える。芻霊とは、古代中国で呪術や副葬品として使われた藁人形のことである。丑の刻参りをイメージさせることから、第5話ではじめて披露された際にそれをみた虎杖が「藁人形？ 陰湿!!」と呟いている。

丑の刻参りが最初に行なわれたのは、呪術の全盛期・平安時代のことだ。9世紀、嫉妬深い貴族の娘の宇治《うじ》の橋姫《はしひめ》が、京都市の鞍馬山にある貴船《きぶね》神社に参拝して、「生きながら鬼神にしてほしい」と7日間籠《こも》って祈った。すると貴船明神からお告げがあり方法が伝授された。その方法とは、髪を5つに分けて松ヤニで固めてツノをつくり、体を赤く塗る。頭には五徳《ごとく》をかぶり灯したローソクを立てる。そして人に知られずに宇治川で21日間水垢離《みずごり》を行なう、というものだ。。こうして、その娘は願い通り生きながら鬼と化したという。

現在でも行なわれる丑の刻参りと共感呪術

現在行なわれる丑の刻参りは、自らが鬼となるものではなく、釘崎の術式同様に相手にダメージを与えるものだ。その方法は、まず白衣に神鏡を身につけ、1枚歯あるいは3枚歯の高下駄を履く。女性ならば口に櫛《くし》をくわえ、逆さにした五徳にローソクを灯して立てて頭にかぶる。用意する藁人形に呪う相手の髪や爪、汚物などを入れ込む。丑三《うしみ》つ時《どき》（午前2～3時）に木に金槌で藁人形に五寸釘を打ち込む。丑の刻参りは基本的に7日間行なうとされ、相手を呪い殺すならば心

『御代参丑時詣』
宇治の橋姫は貴船明神から授かった呪術で、生きながらにして鬼となる丑の刻参りを行なったと伝えられる。

臓に、悩ませたいならば頭に、そのほか痛めつけたい箇所に釘を打ち込む。丑の刻参りを行なう場合は道中を含め、姿をみられてはいけないといわれる。

丑の刻参りほどの儀式を行なわないまでも、憎らしい相手の写真に釘を刺したり、切り刻んだりするなどの類似の呪詛《じゅそ》は広く行なわれている。イギリスの社会学者であるジェームズ・フレイザーは、これらを共感呪術と呼んだ。

共感呪術は2つの要素から成り立つ。ひとつは「類感《るいかん》呪術」と呼ばれるもので、相手に類似した対象物（藁人形や写真）を損傷させると相手にもその影響が出るとされる。もうひとつは「感染呪術」と呼ばれ、相手が接触していたもの（髪や爪、着古した衣服など）に加えられた行為が相手にも影響を及ぼすとされる。

芻霊呪法「共鳴り」からわかる共感呪術の理論

『呪術廻戦』においても、釘崎が使う芻霊呪法「共鳴り」の発動条件はまさに「類感」と「感染」だ。これがよくわかるのが第61話で描かれた、呪霊の壊相《えそう》・血塗《けちず》兄弟との戦いだ。血塗の術式・蝕爛《しょくらん》腐術《ふじゅつ》によって刃のようになった血塗の血の攻撃を受けた釘崎は、自らの体を藁人形代わりに傷つけることで、相手にダメージを与えた。さらに血塗と同じ血を持つ壊相も芻霊呪法「共鳴り」の影響を受けた。芻霊呪法「共鳴り」は、藁人形という道具に限らずに類似の形のものならば発動でき、かつ相手の一部や接触物と相互作用していることから共感呪法の「類感」「感染」と同じ理論に基づいていることがわかるだろう。

大祓に使われる人形
人間の形をした紙に息を吹きかけて穢れをうつし、自分の身代わりとすることで厄を祓う。

共感呪術は世界各地で行なわれ、日本でも縄文時代の土偶《どぐう》にみられる。また毎年6月と12月に全国の神社で行なわれる大祓《おおはらえ》では、人形《ひとがた》と呼ばれる人の形の紙に名前と年齢を記して息を吹きかけ、よくなってほしい体の部分にすり付ける。この人形を川などに流すことで、体の穢《けが》れを祓《はら》う。共感呪術の典型例といえるだろう。大祓や丑の刻参りという伝統的な呪術が現代でも行なわれているのは、共感呪術の要素を持っているからであり、芻霊呪法「共鳴り」は最も呪術らしい呪術といえる。

密教系

五条悟《ごじょうさとる》の術式にみる「虚空蔵求聞持法《こくうぞうぐもんじほう》」

領域展開・無量空処《むりょうくうしょ》と密教の秘法

無限の情報を記憶する密教の秘法

『呪術廻戦』で現代の最強呪術師である五条悟の術式は無下限《むかげん》呪術といい、「無限」を利用する呪術だ。第14話で五条は、「無限はね 本来至る所にあるんだよ」「僕の呪術はそれを現実に持ってくるだけ」と語っている。この無下限呪術の真骨頂が領域展開・無量空処である。領域展開とは「術式を付与した生得領域《しょうとくりょういき》を呪力で周囲に構築する」もので、わかりやすくいえば「呪力を材料にして心の中を現実社会に生み出す結界」である。領域展開をした呪術師はこのフィールド内では力が強化され、術式による攻撃が必ず相手に当たるとされる（第15話）。無量空処は「無下限の内側」で、そこに入ると「〝知覚〟〝伝達〟生きるという行為に無限回の作業を強制」されてしまう。無量空処に入った特級呪霊の漏瑚《じょうご》は「何もかも見える!! 全て感じる!! いつまでも情報が完結しない!!」ために何もできない状態になってしまった。

漏瑚が体験したような、情報が無限に脳内に流れ込む状態へと至る呪術が存在する。「虚空蔵求聞持法」という秘法で、虚空蔵とは無量（計り知れない量）の智恵と功徳《くどく》を持つとされる虚空蔵菩薩のことである。空海《くうかい》が記した『三教指帰《さんごうしいき》』には、虚空蔵菩薩の真言（呪文）を1日1万回、100日間唱え続けることで、見聞したことや知覚したことをすべて記憶する力を得ることができるとされる。

虚空蔵菩薩像　東京国立博物館 蔵
画像提供:TNM image Archives
無限の記憶力を得られる虚空蔵求聞持法によって、空海は膨大な情報量の密教の奥義を修得した。

虚空蔵求聞持法と無量空処の共通点

空海は、唐へと渡る前に室戸《むろと》岬にある御厨人窟《みくろど》でこの虚空蔵求聞持法を行なった。虚空蔵菩薩は、明《あ》けの明星《みょうじょう》（一番星）である金星の化身とされる。明けの明星を心の中でみながら洞窟内で虚空蔵求聞持法を続けた空海が、ある日夜明け前に明けの明星が出ると、その明星はにわかに輝きを増して動き出し、その光の塊はやがて洞窟へと到達して凄まじい衝撃とともに空海の口の中に飛び込んだという。『呪術廻戦』第15話で無量空処は星々に囲まれた宇宙のような空間として描かれるが、虚空蔵菩薩の無量無辺の宇宙をあらわす存在であることに通じる描写だ。こうして空海は虚空蔵求聞持法を成し遂げ、無限の記憶力を得たとされる。ちなみに空海の名は、この時に修行していた洞窟からの「空」と「海」の風景に由来する。

空海はその後、日本に体系化された密教を伝えたが、20年の予定だった唐への留学をわずか2年で終えている。虚空蔵求聞持法による無限の記憶力による賜物だろう。虚空蔵求聞持法を成し遂げて能力を得た僧侶には、空海の弟子の道昌《どうしょう》や真済《しんぜい》、覚鑁《かくばん》などがいるが、この秘法に挑んだ僧侶が死亡したり、精神を病んだ記録が数多く残っている。苦行である虚空蔵求聞持法の過酷さを物語るものだが、一方で無限の情報を記憶する能力の危険性をあらわしているとも考えられる。

御厨人窟（高知県室戸市）
空海が虚空蔵求聞持法を修得した洞窟。ここからみえる空と海の風景から「空海」と名乗るようになったといわれる。

人間の脳は情報を取捨選択して、必要な情報のみを取り込むようになっている。もし、あらゆる情報を記憶してしまう能力を持ってしまったら、脳に多大な負荷を与えることになる。このことがわかるのが『呪術廻戦』第89話だ。非術師（一般人）がいる中で五条は無量空処を0・2秒だけ展開した。これによって「非術師の脳には時間にして約半年分の情報が流し込まれ全員が立ったまま気を失った」とある。

膨大な情報に脳がフリーズ状態になってしまったのだ。無量空処では、特級呪霊の漏瑚でも身動きが取れない状態になる。並みの呪霊や非術師ならば確実に命を落としてしまうだろう。虚空蔵菩薩や無量空処の能力は、空海や五条のような超人にしか扱えない規格外の力といえる。

無下限呪術の色の意味

五大虚空蔵菩薩の色に対応する無下限呪術

『呪術廻戦』第2巻に収録されている解説では、五条悟の術式・無下限呪術について「アキレスと亀」にみられる数学的な説明が行なわれているが、ここでは密教的な解釈を行なってみよう。領域展開・無量空処を通して、密教の虚空蔵求聞持法について解説したが、無下限呪術もまた「虚空」との関連がある。

仏教用語における「虚空」は「何も妨げるものがなく、何もないが、すべてが存在する」とされる。まさに無量空処の世界だ。この仏教用語における「虚空」は漢字文化圏で小数をあらわす単位となっている。1虚空は1垓《がい》分の1（1垓は1兆の1億倍）のことで、限りなく小さな数である。

五条悟の術式・無下限呪術の最もオーソドックスな使い方は、相手の攻撃の間に「無限」を生み出して防御する方法だ。第14話で呪霊・漏瑚が攻撃をするが五条は無傷だった。漏瑚が「儂《わし》は確かに触れて殺した」と驚くと、五条は「君が触れたのは僕との間にあった『無限』だよ」と答えている。触れたと錯覚するほどの微小の空間、まさに「虚空」ほどの空間を施したバリアである。

無下限呪術には「無限」の使い方によってさまざまなバリエーションがある。止める力（「無限」によるバリア）である「ニュートラルな無下限呪術」、引き寄せる力を強化して物体同士を移動させてぶつけたり、瞬間移動に使われる無下限呪術「蒼《あお》」、「無限」によって弾く力を生み出す無下限呪術「赫《あか》」、「蒼」と「赫」の「無限」をぶつけることで仮想の質量を押し出す虚式「茈《むらさき》」だ（第75話）。このように無下限呪術の名称にはそれぞれ色の名前がつけられているが、虚空蔵菩薩にも5つの智慧をあらわす5色のバリエーションがある。

五大虚空蔵菩薩と呼ばれるもので、法界《ほっかい》虚空蔵（中央・白色）、金剛《こんごう》虚空蔵（東方・黄色）、宝光《ほうこう》虚空蔵（南方・緑あるいは青色）、蓮華《れんげ》虚空蔵（西方・赤色）、業用《ごうよう》虚空蔵（北方・黒あるいは黒紫色）があり、それぞれ方位と色が配されている。「ニュートラルな無下限呪術」は中央に位置する白色の虚空蔵に、無下限呪術「蒼」「赫」「茈」がそれぞれの色の虚空蔵に対応していることがわかるだろう。唯一まだ登場していない黄色関連の無下限呪術が今後、描かれるかもしれない。

道教系

家入《いえいり》硝子《しょうこ》の反転術式《はんてんじゅつしき》にみる「呪禁《じゅごん》」

日本に存在した呪術師の医者

五条悟が最強になった経緯が描かれた『呪術廻戦』第76話では、「無下限呪術をほぼ出しっぱにできる」ようになったと語る五条に、同級生だった家入硝子が「出しっぱなしなんて脳が焼き切れるよ」と心配する。これに対し五条は「自己補完の範疇で反転術式も回し続ける　いつでも新鮮な脳をお届けだ」と答えている。反転術式とは、肉体を治療・再生する呪術で、五条は脳をオーバーヒートさせながら同時に再生させる荒業をやってのけている。

第74話で語られている説明によると反転術式とは、「呪力は負の力《エネルギー》　肉体の強化はできても再生することはできない」「だから負の力《エネルギー》同士を掛け合わせて正の力《エネルギー》を生む」とされる。本来人を傷つけるマイナスの力を持っている呪力をかけ合わせることで（マイナス×マイナス）、プラスの効果＝体の治療・再生ができるというのだ。五条とともに反転術式を使えるのが、この家入である。呪詛師や呪霊との戦いで傷ついた呪術師たちの治療にあたっている。反転術式は人によっては切れた腕の再生も可能とされる。

反転術式ほどではないが、呪術には病気やケガの治癒を行なうものが多い。日本の歴史上においても家入のように「医者」の役割を担った呪術師が存在した。道教系の呪術を行なう呪禁師だ。

呪禁師についての規定が記された『医疾令《いしつりょう》』には、「呪禁生は呪禁解忤持禁之法《かいごじきんのほう》を学ぶこと」とある。解忤とは呪禁によってさまざまな邪《よこしま》な存在や怪しげな存在から受けた害から身体を解放する呪術、持禁とは、杖や刀を持って呪文を唱えて患者の気の動きを止め、体内に入っている鬼や魔物を退散させる呪術だ。持禁はさらに猛獣・毒虫・盗賊の害も退散させることができ、身体を硬くして、刀刃・火・熱湯によって傷つかないようにする効果もあるという。体の治癒のほか、五条の「ニュートラルな無下限呪術」にも通じる呪術といえるだろう。

陰陽道系 新田新《にったあらた》の術式にみる「身固《みがた》め」

安倍晴明が行なった鎮魂法「身固め」

補助監督である新田明の弟の新田新は、呪術高専京都校の1年生で反転術式に似た術式を使っている。『呪術廻戦』第127話では、ケガを負った虎杖悠仁に術式を施し、「今まで君が受けた傷はこれ以上悪化しません」「治ってはいませんが出血も止まり痛みもやわらぐでしょう」と語っている。反転術式が治癒や再生を行なうのに対して、新田新の術式はのちに本格的な治療をすることを前提とした、応急処置的な術式だ。新田新はさらに「また攻撃をくらえば傷は増えるしその傷に関しては俺の術式対象外です!!」と語っていることから、前述した持禁の法のような効果はないと考えられる。

この新田新の術式とよく似ているのが、陰陽道の「身固め」だ。これは魂が離れないように身体にとどめる呪術である。『宇治拾遺物語』には、蔵人少将が参内しようとした時、カラスの姿となった式神が飛んできて呪詛をかけた。これに対して、安倍晴明は少将に「身固め」を行ない、少将の体を抱き抱えながら一晩中呪文を唱えたという。これによって少将の魂は身体から離れることなく、呪詛による死から免れることができた。

第127話では、呪霊・真人の攻撃を受けて顔の片側が吹き飛んだ釘崎野薔薇に対しても、新田新が術式を施した。そして「呼吸も脈も止まってましたが時間はそんなに経ってないんで助かる可能性は0じゃない」と語っている。魂を心身にとどまらせる「身固め」と同じ特徴を持った呪術といえる。ちなみに反転術式を通して紹介した治療系呪術の呪禁は、平安時代になると徐々に廃れていってしまった。しかし、呪禁が完全に消え去ってしまったわけではなく、陰陽道に吸収され、一部の呪術に取り入れられていった。

『呪術廻戦』第2巻では、反転術式は「呪力操作」であり「術式」ではないと語られている。反転術式は「高度な呪力操作」を必要とするが、より原初的な呪術として描かれているのだ。このことは反転術式と新田新の術式が、呪禁と陰陽道の関係性を象徴的にあらわしているようにもみえる。

神道系

狗巻棘《いぬまきとげ》の呪言《じゅごん》にみる「言霊《ことだま》」

言葉には現実世界に作用する力がある

『呪術廻戦』で特異な能力を持つのが、虎杖悠仁の先輩である狗巻棘だ。呪術高専東京校2年でありながら準一級呪術師にランクされている。使用するのは、狗巻家相伝の高等術式である「呪言」である。呪言とは「言霊の増幅・強制の術式」で、発した言葉通りに強制行動を取らせたり、現象を起こす。

日本の神道では、あらゆるものに神霊が宿ると考え、無形である言葉にも霊的な力が宿ると考えた「言霊信仰」がある。「言《こと》」＝「事《こと》」と考え、よい言葉は吉事をもたらし、悪い言葉は凶事を招くとされた。日本最古の歌集『万葉集《まんようしゅう》』では、「言霊の幸《さき》はう国」という記述があり、発した言葉が現実世界に影響を及ぼすと考えられたのだ。

狗巻の術式・呪言はこの言霊信仰に基づいた能力だ。

『古今集仮名序《こきんしゅうかなじょ》』には、言霊の威力について、その力の本質を知り駆使するものは

「あめつちを動かす」、つまり世界を自由に支配できるとされた。

言葉によって死に至る言霊の力

狗巻はおにぎりの具だけに語彙《ごい》を絞って会話をするが、その理由として、同級生である突然変異呪骸《じゅがい》・パンダは「強い言葉を使えばデカい反動がくるし最悪自分に返ってくる」「語彙絞るのは棘自身を守るためでもあんのさ」と語っている（第33話）。

みだりに言葉を発しないことは、日本人の文化にもある。神道では、ものごとを明確化して言葉にする「言挙《ことあ》げ」を嫌い、みだりに言葉を発しないことを美徳とする。日本語の文法が結論を最後に持ってきたり、日本人が婉曲的な表現を好むのは、「言霊」に対する恐れが根底にあるのだ。現在でも、結婚式では離婚を想起させる「別れる」「切れる」「破れる」、受験では「落ちる」といった忌《い》み言葉を避ける風習が残っている。

群馬県富岡市にある一之宮貫前《ぬきさき》神社には、通称「無言神事」と呼ばれる特殊神事「御鎮《おしずめ》神事」がある。これは座敷で草履《ぞうり》を履き提灯を持って外に出て、参道を通り「御鎮さん」と呼ばれる塚に供物を納める神事で、神事に用いられた草履は魔除けになるといわれる。神事は夜に行なわれるが、奉仕中の神職をみると障《さわ》りがあるとして周囲の家は消灯し、布団をかぶって息をひそめるという。この神事奉仕中は、神職はひと言も発してはいけないといわれ、もし言葉を発すると死ぬと伝えられる。過去には、神事中に外に出る際に宮司がいつもの口癖で「火は大丈夫か」と発したところ、翌日急死したという。言葉の力がいかに強いかが伝わる神事といえるだろう。

言葉に関係する神に、一言主《ひとことぬし》がいる。奈良県にある葛城山《かつらぎさん》の神で、『古事記』には雄略《ゆうりゃく》天皇が狩りをするために葛城山を訪れたところ、一言主が現れ「吾《われ》は悪事も一《ひと》言《こと》、善事も一言、言い離つ神。葛城の一言主の大神なり」といったとされる。こうしたことから言霊の神とされ、この神を祀る葛城一言主神社にも、家を出てから参拝し帰宅するまでひと言も発してはいけない無言参りの風習がある。

狗巻家は加茂家と遠縁の一族か

葛城郡を本拠地とした賀茂《かも》氏は、その後陰陽道の大家となり、安倍晴明の師である賀茂忠行《ただゆき》や息子の保憲《やすのり》を輩出した。賀茂家は陰陽道を代々継承し、朝廷での儀式を行なった。賀茂家の祖先である三輪山《みわやま》の神には蛇体となって現れた伝承がある。また別系統の賀茂氏には言霊を研究した国学者・賀茂真淵《まぶち》がいる。

『呪術廻戦 0 東京都立呪術高等専門学校』（以下、『呪術廻戦』0巻）最終話では、狗巻の口と舌にある文様が蛇の目と牙の「呪印《じゅいん》」であることが語られている。『呪術廻戦』で「呪言」は狗巻家相伝の術式とされるが、これらにみられるように狗巻家は歴史上の賀茂氏との関連性が高い。『呪術廻戦』では呪術御三家のひとつとして加茂家が登場するが、狗巻家は加茂家の遠縁にあたる一族なのかもしれない。

『月耕随筆』葛城山狩図
葛城山で雄略天皇の前に猪の姿で現れた言霊の神・一言主。

神道系

加茂憲紀《かものりとし》の弓矢にみる「蟇目《ひきめ》神事」

魔物を除く霊力を宿した矢

『呪術廻戦』においての弓矢使いに加茂憲紀がいる。呪術御三家のひとつ・加茂家の嫡男で、加茂家相伝の術式・赤血操術《せっけつそうじゅつ》を使い、自分の血液をつけた矢を「物理方式無視の軌道」で自在に操る様子が描かれている（第43話）。

弓矢には古来より魔を祓う力があるとされ、現在でも神社仏閣の縁起物として破魔矢《はまや》がある。『平家物語』には、近衛《このえ》天皇が住む御所の清涼殿に鵺が現れたため、命を受けた源頼政が弓矢で退治した話がある。また平将門《たいらのまさかど》を討伐した藤原秀郷《ひでさと》は弓矢の名手で、百の目を持つ巨体の鬼・百目鬼《どうめき》や大百足《おおむかで》を弓矢で退治した話が伝わっている。

弓矢を用いて物の怪《もののけ》や魔物を除く神事は現在でも行なわれており、蟇目神事と呼ばれる。蟇目とは、中を空洞にして複数の穴があいた矢尻のことで、矢を放つと音が鳴るようになっている。このような音が鳴る矢を鏑矢《かぶらや》といい、矢の音には魔を祓う霊力があるとされる。

　蟇目神事のルーツは栃木県日光市の二荒山《ふたらさん》神社にあるといわれ、弓矢の神・鳴鏑《なりかぶらの》神《かみ》を祀って矢を放つ神事が行なわれる。その昔、二荒山神社の神と赤城《あかぎ》神社（群馬県前橋市）の神が中禅寺《ちゅうぜんじ》湖の領有をめぐって争った。劣勢となった二荒山神社の神は武神である鹿島《かしま》神宮（茨城県鹿嶋市）の神に加勢を求めたところ、猿麻呂《さるまろ》という弓矢の名手が派遣され、赤城神社の神の使いである大百足の目を射たことで、二荒山神社の神が勝利したという。

　ちなみに二荒山神社の祭神は、陰陽道の本流となった賀茂氏の祖神であるオオナムチとその妻、子であるアヂスキタカヒコネで、『呪術廻戦』の加茂家との関連性がみられる。

『新形三十六怪撰』
藤原秀郷竜宮城蜈蚣を射るの図
藤原秀郷は弓矢の名手で平将門や大百足などを討伐した。弓矢には魔を祓う道具としての側面もある。

陰陽道系

与幸吉《むたこうきち》の傀儡操術《かいらいそうじゅつ》にみる「傀儡師《くぐつし》」

非公認の陰陽道を操った中世の人形使い

与幸吉は呪術高専京都校の2年生で、術式・傀儡操術によって、究極《アルティメット》メカ丸というロボットを遠隔操作する。遠隔操作できる範囲は日本中を網羅できるほどで、その理由が『呪術廻戦』第38話で語られている。与は「生まれながらに肉体に強制された"縛り"」である「天与呪縛《てんよじゅばく》」を科されているため、強大な呪力を持っているとされる。

「傀儡」とは「クグツ」とも読み、操り人形のことを指す。与のような人形使いは、中世の日本にも存在した。傀儡師（傀儡子）と呼ばれた人々で、定住せずに諸国を漂泊して人形劇を披露した。『万葉集』には「塩干の三津の海人の久具都《くぐつ》持ち玉藻《たまも》刈るらむいざ行きて見む」という一首がある。久具都とは「莎草《くぐ》」という植物で編んだ籠で、この籠に操り人形を入れて持ち歩いた集団を傀儡師という。鎌倉時代になると傀儡師は寺社に所属し、その芸能は人形浄瑠璃《じょうるり》や能楽の源流となった。能楽を完成させた世阿弥《ぜあみ》が記した能楽の理論書『風姿花伝《ふうしかでん》』などには、陰陽道の思想が導入されたことがうかがわれる。

『傀儡師筆の操』傀儡師
傀儡師は各地を巡る人形使いの芸能者であるだけでなく、魔除けや祈禱などを行なう呪術師としての側面もあった。

傀儡師は、村に入ると家々の門の前に立って祝言を述べて芸能を演じたりしたほか、卜占《ぼくせん》やお祓い、加持祈禱などを行なったといわれる。人形は人間の穢れや邪心を身代わりとなって引き受けるもので、呪術的な意味合いを持っている。

天与呪縛によって、重い身体的ハンディキャップを持った与もまた、自らの身代わりとしてメカ丸を操る。呪力によって人型ロボットを操る与は、呪術師でもあった傀儡師に通じるものがある。

修験道系

西宮桃《にしみやもも》の付喪《つくも》操術《そうじゅつ》にみる「飛鉢法《ひばちほう》」

ものを飛ばす修験道の呪術と魔女との共通点

『呪術廻戦』に登場する呪術高専京都校3年の西宮桃は、黒服をきて竹箒《たけぼうき》に乗って空を飛ぶ。これは西宮の術式・付喪操術によるものだ。日本では長年使った道具には神霊が宿るとされる付喪神の信仰がある。付喪は「九十九《つくも》」とも書き、長い年月（99年）や万物（99種類）をあらわしている。付喪とは霊力を持った道具のことを象徴する言葉であり、付喪操術は道具を自在に操る術式であると考えられる。西宮は呪力によって風を起こすこともできるが、風によって自身が空を飛んでいるのではなく、操った竹箒に乗っているのだろう（第40話）。西宮と同じように、修験道には道具を飛行させる呪術が伝わる。

『信貴山《しぎさん》縁起絵巻』には、信貴山中興の祖とされる命蓮《みょうれん》が鉢を自在に飛ばして、必要なものを取り寄せた様子が描かれている。『宇治拾遺物語』はこのエピソードを詳

信貴山縁起絵巻（部分）
修験道の霊地である信貴山には、ものを飛ばして托鉢を行なった僧侶の伝説が残っている。

細に記している。命蓮が長者のところに鉢を飛ばして托鉢《たくはつ》（食べ物を恵んでもらうこと）をしていたが、このことをいまいましく思った長者はこの鉢を倉に入れておいた。すると倉が動き出し、数メートル浮いた。さらにこの鉢は扉を開けて倉を乗せて飛び去ったという。倉を持ち上げるほどの強力な呪力だったことがうかがえる。

ものを飛ばす呪術は修験道系に多い。西洋における魔女もまた植物から薬をつくるため、山や森に住んでいることが多い。西宮が魔女の姿で、修験道系の呪術を使うのは、東洋・西洋に共通する山中の呪術師をあらわしているともいえる。

修験道系

西宮桃の付喪操術・鎌異断《かまいたち》にみる「飯綱法《いづなほう》」

武将たちが信仰した飯綱明神の呪術

『呪術廻戦』第40話で西宮は、「呪力の風」によって釘崎野薔薇を攻撃した。また第135話では、羂索《けんじゃく》に対して、呪力が込められた風の斬撃である付喪操術・鎌異断を繰り出した。これと類似するのが、修験道における飯綱法だ。

飯綱とは長野県にある修験道の霊山・飯綱山のことで、山名は「命の綱」に由来する。この山の神・飯綱明神（権現《ごんげん》）に祈るとさまざまな術を使えるとされる。室町時代の武将で幕府の実権を握った細川政元は修験道に傾倒し、飯綱法を使ったとされる。『足利季世記』には、政元の様子は修験者そのもので身の毛がよだつほど恐ろしいと記されている。

また戦国武将の上杉謙信《けんしん》は飯綱明神を信仰し、日常的に用いていた印鑑には、「勝《しょう》軍《ぐん》地蔵　摩利支天《まりしてん》　飯綱明神」と書かれていたほか、飯綱明神の前立がついた兜も用いた。謙信と幾度となく戦をした武田信玄《しんげん》もまた飯綱明神を信仰し、武運長久の祈願を行なっている。飯綱明神は戦国武将から信仰される武の象徴ともいえる神なのだ。

飯綱法は、飯綱明神から遣わされた「護法神」「大天縛《だいてんばく》」「小天縛《しょうてんばく》」が修験者に害を与えるものを砕くとされる呪術ともいわれる。天縛とは天狗のことだが、天狗は天狐《てんこ》ともいい、これに対して地狐《ちこ》は狐の霊のことを指す。また手印に息を吹き込み、自らの念を天狐と地狐として飛ばすという。

また飯綱法は竹筒に封じたイズナ（妖怪、あるいはイタチの一種イイズナ）という魔獣を操る呪術とも伝えられる。カマイタチは風に乗って現れ人を斬りつけるといわれ、「鎌鼬《かまいたち》」と書き、鎌の爪を持ったイタチの妖怪とされる。一部の地域ではこのカマイタチを「飯綱」と呼ぶ。これは飯綱法を使う修験者が、弟子にイズナの封じ方を教えなかったために逃げ出し、人の生き血を吸うために斬りつけるとされた伝説に由来する。

こうしたことから西宮が使う付喪操術・鎌異断は、修験道系の呪術・飯綱法がモデルになっていると考えられる。

神道系

楽巌寺嘉伸《がくがんじよしのぶ》の術式にみる「雅楽《ががく》」

呪術に用いられてきた音楽

呪術高専京都校の学長である楽巌寺嘉伸は、呪術高専東京校を襲撃した呪詛師のひとり・組屋鞣造《くみやじゅうぞう》に対して、エレキギターの演奏による術式を披露した。その特徴は「奏でた旋律を増幅させ呪力として撃ち出す術式」とされる。楽巌寺の術式は音楽を使った呪術だが、キリスト教の讃美歌や仏教の声明《しょうみょう》のように洋の東西を問わず、宗教には音楽が用いられてきた。日本においても雅楽や神楽《かぐら》が宮中や神社の儀式に用いられている。

雅楽はもともと中国の音楽だったがやがて消滅し、日本やベトナムなど中国の周辺にある一部の国で継承されている音楽だ。奈良時代の律令《りつりょう》制では、陰陽寮や典薬寮とともに、雅楽寮が設立され、祭祀に雅楽が用いられた。現在でも皇居で12月中旬に行なわれる「賢所御神楽《かしこどころみかぐら》」は本役（神迎え）、中役（神遊び）、後役（神送り）の3

部構成で、神楽歌を演奏し神を迎えて神威を強化する儀式である。

また神社の社殿の賽銭箱の上には鈴があったり、お祓いを受けた際に巫女《みこ》などによって鈴が振られることがある。『古語拾遺《こごしゅうい》』には天岩戸《あまのいわと》に隠れてしまったアマテラスを出すために鈴をつけた矛を持って踊ったことが記されている。島根県大田市の物部《もののべ》神社で毎年11月に行なわれる鎮魂祭では、アメノウズメの故事に由来する物部氏秘伝の神事「たまふり」が行なわれる。魂を直接揺り動かして人間の気の巡りを循環させ病や邪気を祓う。さまざまな音は古くより神事に用いられ、それらには魔を祓ったり、神を招く力があると考えられているのだ。

天岩戸　神宮徴古館 蔵

鈴をつけた榊を持って踊るアメノウズメ(右)が描かれている。鈴には魔除けの力があるとされ、舞楽は呪術としても用いられた。

修験道系

禅院直毘人《ぜんいんなおびと》の投射呪法《とうしゃじゅほう》にみる「不動金縛《かなしば》り法《ほう》」

現在でも行なわれる呪縛の秘法

禅院真希《まき》・真依《まい》の父親である禅院直毘人は、呪術界御三家のひとつ・禅院家の26代目当主だ。『呪術廻戦』第111話では直毘人の術式・投射呪法の解説が描かれた。それによると「1秒を24分割 己の視界を画角としあらかじめ画角内で作った動きを後追《トレース》いする」「術式発動中直毘人の掌《てのひら》に触れられた者も1／24秒で動きを作らねばならず失敗すれば動きがガタつき1秒間フリーズする」という。ただし「作った動きは途中で修正できない」「過度に物理法則や軌道を無視した動きを作れば自らもフリーズする」という2つのリスクがある。

直毘人は本来の実力以上に速く、あらかじめイメージした動きをすることができるようになり、直毘人に触れられた者は直毘人と同じように1秒間に24コマの動きのイメージをできなければ1秒間動けなくなってしまうというものだ（実際にイメージできる者はいないので1秒間フリーズすることになる）。簡単にいってしまえば、自らのスピードアップに加えて、相手を1秒間動けなくする術式といえる。

修験道で信仰される不動明王の力による呪術には、この投射呪法における「フリーズ」と同じような効果をもたらすものがある。不動金縛り法というもので、不動明王の力によって金縛りを起こす術だ。霊などを呪縛するための呪術で、修験道の開祖・役小角が葛城山で一言主という神を呪縛する際にも用いた。また邪霊にとり憑《つ》かれた者を除霊するために一時的に身体を動けないようにするためにも使われる。

『月耕随筆』不動神力
不動明王は五大明王の中心とされ、広く信仰されている。

この不動金縛り法は、鎌倉時代に書かれた『不動明王金縛之大事』に「たとえ千金を積まれてもほかの人に教えてはいけない。秘すべし秘すべし」と記され、原則的にただひとりだけにしか伝授してはいけないとされる。不動金縛り法は、現在でも行なわれている呪術でもある。

夏油傑《げとうすぐる》の呪霊操術《じゅれいそうじゅつ》にみる「護法童子《ごほうどうじ》」

式神と呪霊操術の違い

陰陽道における式神と修験道における護法童子はどちらも人間以外の霊を操る点では同じだが、式神が呪力によって操作するもの、つまり陰陽師が持っている力から生み出されるものに対して、護法童子は自分以外の神霊や物の怪を操作するものだ。一見同じようにみえるが、内側から発生する式神を操ることと外部に存在する神霊や物の怪を使役することは、真逆のものといえるだろう。このことは『呪術廻戦』でも同様に描かれており、伏黒恵が操る式神は禪院家相伝のものであり、その血筋をひく伏黒の内部にもともと備わっていたものだ。特級呪術師の夏油傑の術式である呪霊操術は、呪霊を呼び出す点では伏黒の式神と同じだが、その呪霊は夏油が倒して体内に取り込んでいる点で異なる。

『呪術廻戦』第73話では、呪霊操術について「降伏した呪霊を取り込み自在に操る術式」「階級換算で2級以上の差があれば降伏を省きほぼ無条件で取り込める」と解説している。つまり、夏油の呪霊はもともと外にいた別の存在だったということだ。この夏油の呪霊操術に近い呪術が密教や修験道の護法童子である。

修験者が使役する護法童子

護法童子とは、僧侶や修験者の命令に従い守る神霊や物の怪のことを指す。童子とは少年のことだが、護法童子は人間の姿をしているだけでなく、鬼や龍神といったものや、狼や狐などの動物霊の場合もある。前述した飯綱法も大きくは護法童子と同じカテゴリーに含まれるといえる。力のある修験者であれば、悪霊や妖怪を護法童子にしてしまうこと

役行者像　吉水神社 蔵
修験道の開祖・役小角(役行者)は前鬼・後鬼という2人の鬼(写真下)や護法の八大童子を従えたと伝わる。

も難しいことではないという。

夏油が取り込んだ呪霊には、人型の特級呪霊である「化身玉藻前《けしんたまものまえ》」や「口裂け女」、龍の姿をしている「虹龍」などがいる（『呪術廻戦』0巻）。呪霊操術と護法童子がよく似た呪術であることがわかる。

修験道や密教では、さまざまな者が護法童子を使役した話が伝わる。修験道の開祖・役小角（役行者）が使役した鬼の夫婦である前鬼《ぜんき》と後鬼《ごき》、天台宗の僧侶・性空《しょうくう》が毘沙門天から授けられた乙《おつ》と若《わか》などが有名だ。ちなみに前鬼と後鬼は役小角のもとで修行を行ない、「義覚《ぎかく》」と「義賢《ぎけん》」という人間の名前を与えられ、五鬼熊《ごきぐま》、五鬼童《ごきどう》、五鬼上《ごきじょう》、五鬼継《ごきつぐ》、五鬼助《ごきじょ》という5人の子をもうけた。現在にも残る五鬼助の子孫は修験者のための宿坊を奈良で営んでいる。このことからも護法童子と使役者が別の存在であることがわかるだろう。

リアル特級呪霊・天狗を使役する外法

修験道における特級呪霊にあたるのが天狗だ。験力《げんりき》（呪力）が強い僧侶や修験者などは魔道に落ちて天狗になるといわれる。『拾遺往生伝《しゅういおうじょうでん》』には空海の十大弟子のひとりである真澄《しんちょう》が、文徳《もんとく》天皇の女御《にょうご》である藤原明子に恋心を抱き、邪念から天狗と化したことが記されている。密教の書物『万徳集』には、『天狗経』があり、これを唱え

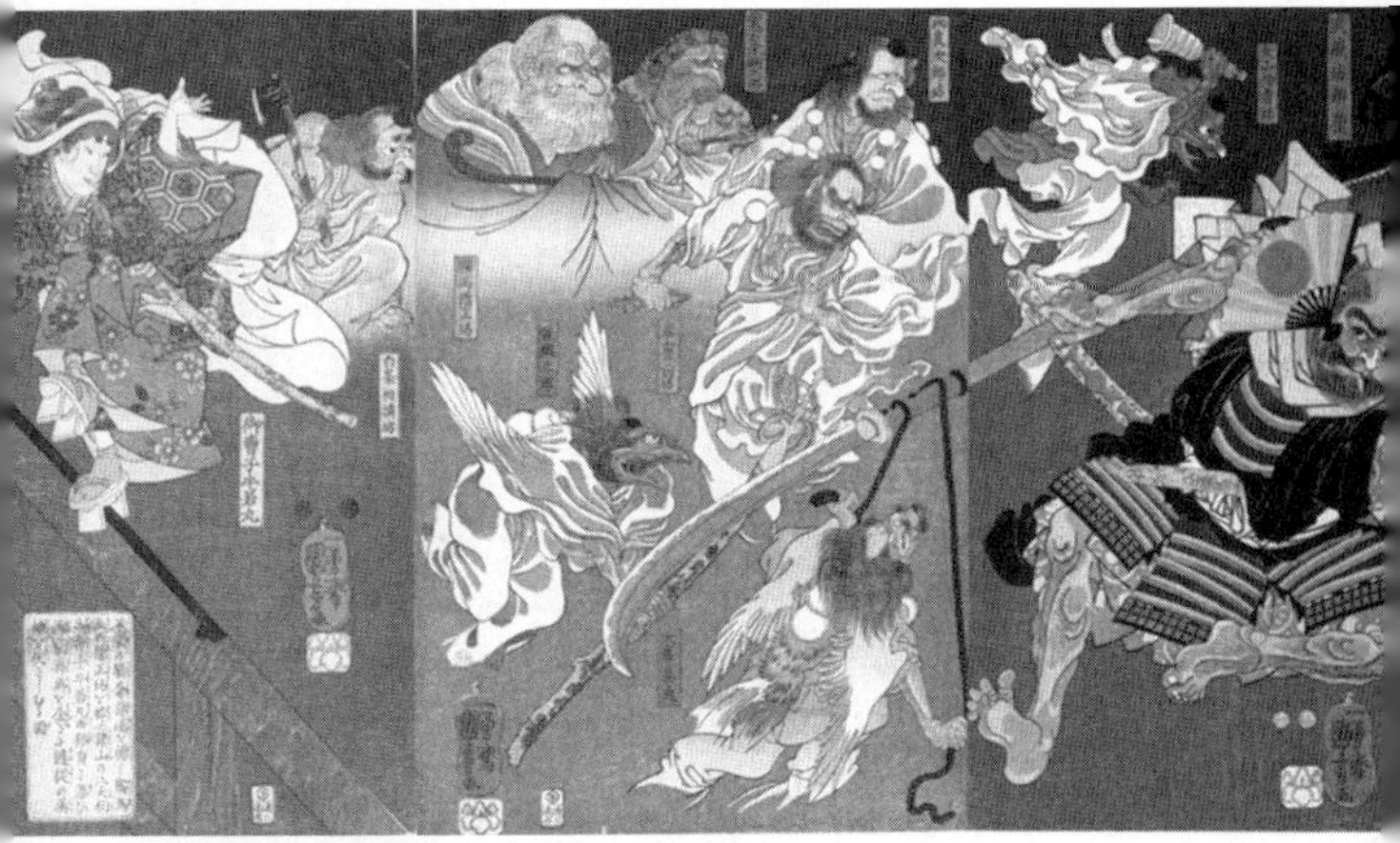

『武蔵坊弁慶降伏之図』
鞍馬山で天狗から武術を学んだ源義経を援護するため、八天狗が影身となって現れた。

ると日本有数の天狗を呼び出すことができるという。天狗を使った呪術を行なう者の呪力は強く、10世紀の円融《えんゆう》天皇の時代に、天狗を祀る修験者が走っている野生の獣の動きを止めたり、飛ぶ鳥を落としたり、空からさまざまな花を降らせたりしたと伝わる。天狗を使役することは外法《げほう》とされ、国家公認の立場である寺院所属の僧侶からは忌み嫌われた。

　夏油もまた、呪術界から追放され「最悪の呪詛師」として忌み嫌われる存在である。護法童子とよく似た呪霊操術は夏油にふさわしい術式といえる。

神道系

冥冥《めいめい》の黒鳥操術《こくちょうそうじゅつ》にみる「熊野牛王符《くまのごおうふ》」

命懸けの誓約が課される熊野牛王符の呪術

一級呪術師である冥冥の術式・黒鳥操術は、カラスを操ることができる。索敵など補助的な役割が多い黒鳥操術だが、攻撃のための使い方もある。『呪術廻戦』第102話では、黒鳥操術の〝真骨鳥《しんこっちょう》〟として、「神風《バードストライク》」が描かれた。

記紀神話では、神武《じんむ》天皇が東征した際に道案内をした3本足のカラス・八咫烏《やたがらす》がおり、熊野神社の神の使いとして知られる。このカラスに関係する呪術で有名なのが、和歌山県にある熊野三山（熊野本宮大社、熊野那智《なち》大社、熊野速玉《はやたま》大社）の護符・熊野牛王符だ。

熊野牛王符は熊野牛王神符、烏牛王、おからすさんとも呼ばれ、厚手の紙にカラスをかたどったカラス文字が木刷りされ、中央に炎をかたどった牛王宝印という朱印が押される。カラス文字の数は神社ごとに異なり、熊野本宮大社は88羽、熊野那智大社は72羽、熊野速玉大社は48羽となっている。熊野牛王符は病気平癒や火難除けといった一般的なお神札《ふだ》と同様に用いられるほか、起請文《きしょうもん》（誓約書）として用いる方法がある。熊野牛王符の裏面に、約束事を記して熊野の神へ誓い、相手に渡して嘘偽りがないことを証明する。熊野の神を証人にした契約書といったところだ。熊野牛王符は戦国時代に同盟や降伏条件などの誓約を結ぶ際に用いられた。もし熊野牛王符に記した内容を違《たが》えた場合、熊野の神の使いであるカラスが３羽死に、約束を破った人も血を吐いて死ぬといわれる。

熊野牛王符（熊野本宮大社）
起請文として用いられ、約束を違えた場合、本人と3羽のカラスが命を落とすといわれる。

冥冥には溺愛する実の弟・憂憂《ういうい》がいるが、この憂憂とも「命をかけた〝縛り〟」を結んでいると考えられ、冥冥が「命掛け」について発言することが憂憂の「〝呪術使用許可〟の相言葉」となっている。命をかけた誓約と、カラスに自死を強制することで敵に強力な攻撃を与える冥冥の術式は、熊野牛王符の呪術と多くの点で関連性がみられる。

陰陽道系

天元《てんげん》と羂索《けんじゃく》の結界術にみる「鬼門封《きもんふう》じ」

物語の鍵となる天元の結界

天元がいる薨星宮《こうせいぐう》本殿がある呪術高専東京校には結界が張られている。『呪術廻戦』第53話ではこの結界について五条悟が「天元様の結界って〝守る〟より〝隠す〟に全振りしてるから懐に入られるとちょっと弱いよね」と語っている。また羂索は「天元は結界の運用以外 基本現《うつつ》に干渉しない」としていることから、天元の術式によって結界が展開されていることがわかる。

第137話には、「明治に張り直した皇居を中心とした結界と 幕末に東京遷都候補地だった薨星宮直上を中心とした結界 これらを無理矢理県境まで拡張する」というセリフがある。この天元の結界と同様の結界があったのが平安京である。平安京は794年に桓武《かんむ》天皇によってつくられた都だが、陰陽道に基づいた都市が設計された。そこで最初期に行なわれたのが鬼門封じである。

魔の出入り口である鬼門と裏鬼門

鬼門の文献上の初出は古く、紀元前1世紀の中国・前漢時代に書かれた『神異経《しんいきょう》』には、中国の東方数百里の度朔山《どさくさん》という山の上に桃の木があり、東北に伸びた大枝の先に死者が出入りする門があるとされている。また陰陽道に影響を与えた『易経』の「先天図方位」に東西南北を配置すると、東と南が「陽」、西と北が「陰」となり、この境である東北と南西は「陽」と「陰」が拮抗《きっこう》する不安定な方位であり、東北を鬼門、南西を裏鬼門として魔の侵入口と考え恐れられた。

京都御所の鬼門・猿ヶ辻
御所の東北の角の塀は鬼門除けのため凹んだ形状になっている。「猿」は日吉神社の神の使いで鬼門除けの霊獣とされる。

このため、平安京では、東北方向にあった比叡山《ひえいざん》に唐から密教を修得して帰国した最澄を送り、延暦寺《えんりゃくじ》を建立させた。そして都で災害や凶事が起こると、比叡山で悪鬼調伏の祈禱が行なわれた。また比叡山の地主神は日《ひ》吉《よし》大社であり、日吉の神の使いは猿とされる。このことから猿は鬼門の魔除けとして使われた。猿はアジア全般で霊獣とされ、『西遊記《さいゆうき》』では猿の孫悟空《そんごくう》が三蔵法師《さんぞうほうし》を助けたり、ヒンドゥー教では猿の姿をした神ハヌマーンなどがいる。

京都御所は鬼門の塀の角を内側に凹ませて、上に猿の像を置き、「猿《さる》ヶ辻《つじ》」と呼んでいる。比叡山延暦寺の別院で、比叡山と御所の間にある赤山禅院《せきざんぜんいん》にも猿の彫刻がある。後述するが、この赤山禅院は『呪術廻戦』における呪術御三家のひとつ禪院家との関連性が深い。また裏鬼門には大原野神社が創建された。

怨霊によって鬼門を封じる風習

『呪術廻戦』第1話では、呪いが吹き溜まりしやすい学校には魔除けの呪物を置く風習があり、「より邪悪な呪物を置くことで他の呪いを寄せ付けない 毒で毒を制す悪習だ」と語られている。これと同じ原理は鬼門封じにも利用された。怨霊による鬼門封じだ。

平安京遷都の契機となった早良《さわら》親王を祀る崇道《すどう》神社と上御霊《かみごりょう》神社は、いずれも東北方向に配置されて創建された。さらに比叡山の山中には、三大怨霊のひとり・平将門にちなんだ将門岩という岩がある。また裏鬼門近くには将門の首がさらされた場所があり、神田神宮（現、京都神田明神）という祠《ほこら》が建立された。

これほどの労力をかけて、鬼門封じを行ない、結界を張った都だが、百鬼夜行に代表される物の怪が跋扈する場所となった。魔が侵入することが容易ではないかわりに、内側で生まれた物の怪は外に出て行くことはできない。さらに陰陽師や密教僧による呪術が頻繁に行なわれた平安京では、呪力が集中して溜まる場所となった。

京都神田明神（京都市左京区）
平将門の首がさらされた地に建立された祠で、かつては神田神宮と呼ばれていた。京都御所の裏鬼門近くにある。

天元が「私に次ぐ結界術の使い手」としたのが羂索だ（第145話）。渋谷事変のラストで羂索は全国10ヶ所に結界《コロニー》を設定した。第209話では、羂索が結界《コロニー》に呪力を満たすために、各国から差し向けられた軍隊を呪霊によって虐殺し、死の間際における負の感情＝呪力を放出させるシーンが描かれている。この結界《コロニー》の性質から、呪力が具現化した存在である呪霊も結界《コロニー》から出られないことになる。死滅回游編の結界《コロニー》のように、結界が張られた平安京では陰陽師や密教僧が力を持つだけでなく、多くの物の怪が現れるようになったのだ。

陰陽道系

天元《てんげん》の不死の術式にみる「泰山府君祭《たいざんふくんさい》」

身代わりと引き換えに延命させる泰山府君祭

『呪術廻戦』における天元は、呪術界の中心ともいえる存在であり、不死の術式を使うとされる。第66話では、「天元様は〝不死〟の術式を持っているが〝不老〟ではない」と語られ、そのままでいると「人でなくなりより高次の存在と成る」進化が起きてしまうという。そのため500年に一度、天元と適合する「星漿体《せいしょうたい》」と呼ばれる人間と同化することで肉体の情報を書き換える必要がある。

これとよく似た呪術に陰陽道の最高の祭事・泰山府君祭がある。泰山府君とは陰陽道の主神とされ、中国の東北部にある東嶽泰山（大山）を神格化した神で、万物や人間の生死を司るという。泰山府君祭の秘法は、唐に渡った阿倍仲麻呂《あべのなかまろ》が学び吉備真備《きびのまきび》に託して日本に伝わり、以降安倍家（土御門《つちみかど》家）が代々継承した。

日本で最初に行なわれた泰山府君祭は、平安京に遷都を行なった桓武天皇の時代といわれる。朝廷が独占する祭祀であり、寿命延長、病気平癒、除災招福の効果があるとされる。これだけならば一般的な祈禱とそれほど変わらないが、泰山府君祭では病気や寿命などで命の危機がある者に対し、身代わりになる者の命を継ぎ足すことで、延命させることができるという。

『泣不動縁起絵巻《なきふどうえんぎ》』には安倍晴明が泰山府君祭を行なったことが記されている。ある時、智興《ちこう》という高僧が重病となり助かる見込みがなかった。相談を受けた晴明は身代わりになる者がいれば泰山府君に祈り延命できると告げた。これを聞いた智興の弟子の証空《しょうくう》が身代わりを申し出て不動明王の絵に来世を祈った。不動明王はこれに感激して、「私が身代わりになろう」と声を発し、不動明王の絵の両目からは血が流れ、智興は命が助かったと伝えられる。

天元は他者の命がなくても死ぬことはないが、第145話では目が4つある異形の姿となっており、「進化を果たした今の私は組成としては人間より呪霊に近い」と語っている。天元がオリジナルの個体を維持するためには「星漿体」と同化することが不可欠となる。この点は、他者の命を使って生命を維持する泰山府君祭と共通する。泰山府君祭はその後、天曺地府祭《てんちゅうちふさい》という祭祀へと発展し、天皇が皇位を継承した際に一代に一度だけ行なわれるものとなった。

密教・修験道系 結界・帳《とばり》にみる「隠形法《おんぎょうほう》」

摩利支天《まりしてん》の隠形法と「帳」の共通点

『呪術廻戦』で頻繁に出てくる結界が「帳」だ。『呪術廻戦』に先立って連載された前日譚《たん》『呪術廻戦』0巻の第1話では早くも、五条悟が「帳」を降ろすシーンが描かれており、「君たちを外から見えなくし呪いを炙り出す結界だ」と語っている。「帳」を発動すると空に出現した黒い液体のようなものが地上まで覆い、非術師は「帳」の内部を知覚することができなくなる。また「帳」にはさまざまなバリエーションがあり、「入ることはできるが出ることはできない」「五条悟だけが入れない」といった特定の条件を設定することもできる。「帳」は呪術師だけでなく、呪霊も展開することができ、最も多く描かれている結界だ。

密教や修験道には、この「帳」と同じように相手から知覚されないようにする呪術がある。それが摩利支天の隠形法と呼ばれるものだ。摩利支天は軍神として、毛利元《もうりもと》就《なり》や前田利家《としいえ》、上杉謙信など名だたる戦国武将から信仰された。摩利支天は陽炎《かげろう》や光を神格化した神であり、『摩利支天経』には神々の前を摩利支天が走り去ったが、姿をみることができなかったという記述がある。

摩利支天の隠形法は、隠形印と呼ばれる秘印を結び呪文（密教の真言）を唱えるもので、これを行なうと天魔や悪鬼、外道（悪人）が修験者をみつけることができず、害を受けることがないという。摩利支天の隠形法では、現実に姿が消えることはないが、（天魔などから）知覚されなくなる点では、「帳」と同じ特徴を持っているといえるだろう。

「帳」は「闇より出でて闇より黒くその穢れを禊ぎ祓え」と唱えることで発動される。摩利支天の隠形法では密教の真言が呪文となっているが、「帳」では神道における祓いの祝詞《のりと》・祓詞《はらえことば》に通じる文言となっている。実は摩利支天の隠形法は中国などではみられない日本独自の呪術だ。「帳」の呪文が日本独自の信仰である神道の祝詞形式になっていることは、「帳」が摩利支天の隠形法と同じく日本発祥であることを示しているといえる。

『諸宗仏像図彙』
摩利支天
陽炎を神格化した摩利支天は、「不可見」「不可捉」とその特徴が記されている。

密教・修験道系

獄門疆《ごくもんきょう》にみる「筒封《つつふう》じ」

祓うことができない強力な魔物を封印

『呪術廻戦』で呪詛師のリーダーの羂索が五条悟を戦闘不能にするために用いたのが特級呪物である獄門疆だ。『呪術廻戦』第90話では「獄門疆に封印できないモノはない」と語られている。密教や修験道では、悪霊や魔物を竹筒、壺、瓶などの中に封じ込める呪術がある。『修験故事便覧』には、「懸命に祈禱をしても悪霊が離れなければ筒に呼び入れて呪縛し、焼却したり川に流す」と記されている。筒封じは、悪霊や生き霊にとり憑かれた人間に用いられる。筒封じには、片方の節を切り落とした竹筒を用いる。そして、患者の名前や性別などを記した人形《ひとがた》を身代わりとするために、患者の息を吹きつけて悪霊・生き霊を移し、竹筒の中に入れて四つ折りにした奉書紙で蓋をして麻糸で巻いて封じる。

筒封じは魔物などを封印して持ち運ぶためにも用いられた。824年の旱魃《かんばつ》の際に空海が京都の神泉苑《しんせんえん》で雨乞いの儀式を行なうが、空海をライバル視していた僧・守敏《しゅびん》は雨をもたらす龍を瓶に封じていたため、7日過ぎても雨が降らなかったという。その後、空海は守敏の企てを見破り、筒封じを解いたことで雨を降らせた。前述した飯綱法はイズナという魔獣を操る呪術だが、これらの魔獣を封じるのに用いられたのも竹筒である。

『呪術廻戦』第11話では、獄門疆を用いる理由を羂索は、「『殺す』より『封印する』に心血を注ぐことをオススメするよ」と語っている。修験道などで筒封じが行なわれるケースは、通常の調伏加持では祓うことができない強力な悪霊・魔物に対する場合だ。また、第145話では、天元が獄門疆には「裏（裏門）」があることを明かしている。筒封じでは、片方の節を切り落とした竹を用いるが、もう一方の節の部分が「裏」にあたる。獄門疆は筒封じとよく似た特徴を持っていることがわかる。

『弘法大師行状記図会』守敏

空海のライバル・守敏は、筒封じで降雨の神獣である龍を封じたと伝えられる。

道教系

羂索《けんじゃく》の死滅回游《しめつかいゆう》にみる「蠱毒《こどく》」

厳しく規制された呪術が生み出す毒

『呪術廻戦』死滅回游編では、羂索が設定した全国10ヶ所の結界《コロニー》内で泳者《プレイヤー》となった呪術師らの戦いが描かれている。死滅回游のルール4では、「泳者は他泳者の生命を絶つことで点《ポイント》を得る」とあり、文字通り、命の奪い合いの死闘となっている。一度はじまった死滅回游は泳者が全員死ぬまで終わらない。その目的は「泳者の呪力と結界《コロニー》と結界《コロニー》で結んだ境界を使ってこの国の人間を彼岸へ渡す」ことだという（第145話）。

この死滅回游と同じように、閉鎖された空間で殺し合いをさせて効力を高める呪術がある。それが、複数種類の毒虫から猛毒を生成する「蠱毒」である。奈良時代の律令制では、民間呪術の規制が行なわれたが、その代表例がこの蠱毒と、前述した「厭魅《ふ》」である。両者は「厭魅蠱毒」と併称され、忌み嫌われた。『続日本紀』には、不破《わ》内親王の指示を受けた県犬養姉女《あがたのいぬかいのあねめ》が蠱毒を行なった罪により762年に流罪となった記録がある。また井上内親王は光仁天皇の皇后となったが、772年に蠱毒の罪によって皇后を廃されている。朝廷がいかに蠱毒を恐れていたかがわかるだろう。

蠱毒は蠱道《こどう》、蠱術《こじゅつ》、巫蠱《ふこ》とも呼ばれ、今から3000年以上前の古代中国王朝の殷《いん》でも行なわれた最古級の呪術のひとつだ。まずヘビ、ムカデ、カエル、イナゴ、カマキリ、クモなど数十匹をひとつの箱に入れて共食いをさせる。そして、生き残った1匹を殺して祀り、毒を採取する。喰われた生き物の怨念と生き残った1匹の生命力を呪詛の力に変えるのだ。また16世紀に記された『本草綱目《ほんぞうこうもく》』には、生き残った虫を殺して、干して乾燥させたものを焼き、その灰を相手に飲ませる方法が紹介されている。律令制下では、蠱毒は実際に使用しなくても、製造や所持のみならず、製法の知識を学んだり教えを受けただけでも重罪となった。

第216話では、器物を呪具化する秘術「浴」に用いられる溶液について、「蠱毒で厳選された生物を潰し濾すことで得られる呪力の溶液」とあり、古典に記された蠱毒と同様の記述がある。第174話からはじまる仙台結界《コロニー》での戦いでは、羂索が呪霊操術の支配から外したゴキブリ呪霊である特級呪霊・黒沐死《くろうるし》が登場し、乙骨憂太、石《いし》流龍《ごおりりゅう》、烏鷺亨子と四つ巴の戦いとなる。さらに第180話の仙台結界の戦いのラストに、乙骨に破れた石流龍は「……ありがとう　満腹だ」という言葉を残す。仙台結界《コロニー》はまさに蠱毒の箱をモチーフにしたものといえるだろう。

修験道系

オガミ婆《ばばあ》の降霊術《こうれいじゅつ》にみる「憑《よ》り祈禱」

他者に霊を降ろす降霊術

『呪術廻戦』第95話では、羂索一派の呪詛師のオガミ婆が孫（オガミ婆の本物の孫ではなく幼い頃にさらった人物）に禪院甚爾《とうじ》の霊を降ろすシーンが描かれている。禪院甚爾は伏黒恵の実の父であり、通称「パパ黒」と呼ばれる。パパ黒は禪院家の血筋ながら呪力を全く持たないという天与呪縛によって常人離れした身体能力を持っている（第71話）。呪術高専時代の五条悟と夏油傑を苦しめたが、五条の無下限呪術・虚式「茈」によって命を落とした。オガミ婆の降霊術には、降ろす霊の遺体の一部を飲み込む必要があり、それによって肉体の情報と魂の情報を降ろすことができる。パパ黒の実力を警戒したオガミ婆は「孫」に肉体の情報しか降ろさなかったが、パパ黒は「孫」の魂に勝ち、完全復活してしまう。こうしてオガミ婆はパパ黒によって瞬殺されることになった。

自らの体に死者の霊を降ろすイタコが有名だが、オガミ婆の場合、他人に霊を降ろしている点が異なる。オガミ婆のように他人に霊を降ろす呪術が修験道にある。憑《よ》り祈禱と呼ばれるものだ。依《よ》り代《しろ》（神霊が宿る対象）となる人物に霊を降ろし、吉凶を占ったり、病気の治療を行なったりした。この憑り祈禱は、修験者（呪術師）ではない信者にも行なわれるようになった。何者かの霊に憑かれた信者（依頼者）の霊を霊媒者にうつし、質問をしたり調伏したりする呪術だ。『紫式部日記』には、中宮彰子《ちゅうぐうしょうし》にとり憑いた物の怪を巫女に移し、物の怪の憑いた巫女と問答をして正体をつきとめ、調伏をはかったとある。

時代が下ると、修験者が術のかけ手、妻が霊媒者となって依頼を受けることが多くなったが、霊媒者は理屈っぽい性格よりも感情的な人物の方が適しているといわれ、原則的に10~20歳くらいまでの少年少女がつとめた。『呪術廻戦』においてもオガミ婆は幼い頃にさらった「孫」を依り代にしているが、そのような「孫」が何人もいることが、11巻で明かされている。依り代に適した性格に育てた若い「孫」は、憑り祈禱における霊媒者と共通する特徴を持っている。

コラム

第61話で語られた呪詛《じゅそ》返し

『呪術廻戦』第61話では、壊相と血塗の赤血操術を受けた釘崎野薔薇が、自らの体を媒介して芻霊呪法「共鳴り」によって反撃するシーンが描かれている。これに対して、壊相は「呪詛返しの術式!!」と勘違いする。実際には呪詛返しではなく、血塗の血がついた釘崎の体を藁人形代わりに自ら傷つけることで、同じ血が流れる壊相と血塗にダメージを与えたわけだが、『呪術廻戦』においても呪詛返しの術式が存在することがわかる。

『宇治拾遺物語』などには陰陽師の安倍晴明が呪詛返しをするエピソードがあるが、呪詛返しは、あらゆる系統の呪術にもある。例えば、修験道では呪詛を受けていることがわかった場合、呪詛を人形にうつし川に流すと、呪詛をした人間に返されるという。また神道系の民間信仰では呪詛と呪詛返しの神事があり、方位の5神（四方と中央）、各月に配された12神、各日に配された31神を組み合わせて用いる。呪詛を受けた者は呪詛に用いられた神と同じ神で呪詛返しをするとよいとされる。

第3章

古典に記録された呪術師たち

なぜ日本に多くの呪術師が誕生したのか

呪術勢力の対立の歴史

陰陽道《おんみょうどう》の名門一族同士の対立

『呪術廻戦』第136話で日本では呪術師や物の怪《もののけ》の数が突出して多いことが語られている。実際の歴史においても日本には数多くの呪術師が存在し、さまざまな説話集や神社仏閣の縁起などに記され、中には朝廷や幕府の公的な歴史書に記録されていることすらある。

西欧では呪術師は社会のアウトサイダー的な地位だが、日本における呪術は、朝廷を中心とした公的機関が主体となって保護と研究がなされた。陰陽師《おんみょうじ》や呪禁師《じゅごんし》などはいわば国家公務員であり、密教寺院もまた朝廷や幕府からの保護を受ける半官半民的な団体だった。また国家の保護を受けた呪術はやがて民間にまで広がっていき、それまで貴族たちしか受けられなかった呪術の恩恵を求めた人々によって、非公認の呪術師たちが誕生していった。こうして日本では呪術師の人数が増加していったのである。

『呪術廻戦』では、主人公が所属する天元《てんげん》を中心とした呪術師のグループもまた一枚岩ではなく、内部抗争やマウンティングの様子が描かれている。その象徴ともいえるのが、呪術界における3つの名門一族である、加茂《かも》家、禪院《ぜんいん》家、五条《ごじょう》家の呪術御三家だ。

史実の陰陽道においても、主に暦《れき》道を司る賀茂《かも》家と主に天文道を司る安倍《あべ》家が、二大宗家として代々継承することになり、衰退と復活をくりかえすことになる。安倍家は鎌倉時代になっても有力な人材を輩出して、鎌倉幕府からの庇護を取り付け関東圏にも勢力を伸ばしたが、賀茂家は凋落していった。南北朝時代には安倍家は土御門《つちみかど》家と、室町時代に賀茂家は勘解由小路《かでのこうじ》家とそれぞれ称するようになった。しかし室町時代後期に勘解由小路家の直系の嗣子が殺害されて後継者が途絶え、土御門家が暦道と天文道の両方を司ることになった。江戸時代になると途絶していた勘解由小路家に代わって賀茂氏系の幸徳井《かでい》家が採用されて再興されるが、土御門家の勢力に対抗することはできず、土御門家が陰陽道の実権を握る。そして土御門神道が成立すると全国の陰陽師を統括するようになった。その後、明治時代の陰陽道禁止令によって賀茂氏系統の陰陽道は消滅する。

日本の歴史上もあった宗教界の内部対立

呪術高専は東京校と京都校の2つがあるが、姉妹校にもかかわらず両校の対立が描かれている。毎年行なわれている姉妹校交流会では、指定された区画内に放たれた呪《じゅ》霊《れい》討伐の競い合いが行なわれるが、「妨害行為アリ」とされ「相手を殺したり再起不能の怪我を負わせることのないように」と東京校学長の夜蛾正道《やがまさみち》から生徒たちが注意を受けている。

日本においても呪術を継承する二大勢力の対立は多く起きた。例えば伊勢神宮では神社の運営や祭祀の中心的な役割を担う禰宜《ねぎ》として、荒木田《あらきだ》、根木《ねぎ》、度会《わたらい》の3氏があったが根木氏は早くに断絶。やがて内宮《ないくう》は荒木田氏、外宮《げくう》は度会氏が禰宜の中核となった。鎌倉時代になると独自の古例を継承していた度会氏は度会神道を成立させた。室町時代に人が参拝しやすい外宮が経済的に優位になっていくと、内宮と外宮の対立は深まり、やがて武力衝突による流血や放火などが起きた。両宮の対立は江戸時代には沈静化したが、融和したのは明治時代になってからだった。密教では1200年もの間、和解しなかった宗派がある。日本に密教をもたらし、真言《しんごん》宗を開いた空海《くうかい》と天《てん》

伊勢参宮略図
手前に外宮、奥に内宮が描かれている。江戸時代になると内宮と外宮の対立は沈静化するが、確執が解けたのは明治時代に入ってからである。

台《だい》宗を開いた最澄《さいちょう》は、９世紀初頭に仲違いをして絶縁した。以降、密教の二大宗派の対立が続くことになる。真言宗と天台宗の公式な和解は、空海と最澄が仲違いした約１２００年後の２００９年のことだ。

日本では呪術の系統が多く存在し、それぞれ国家的な保護を受けてきたが、呪術の本流を一本化することはなかった。そのため、呪術を継承する勢力同士が競い合う競争原理が生まれ、多様な呪術を生み出していき、超人ともいえる呪術師を輩出していったのである。本章では『呪術廻戦』に登場するキャラクターのエピソードを交えながら、古典に登場する大物呪術師たちを紹介しよう。

飛鳥時代

流罪となった賀茂《かも》家のエリート・役小角《えんのおづぬ》と加茂憲倫《かものりとし》

呪術御三家の加茂家と賀茂一族

『呪術廻戦』には呪術御三家と呼ばれる一族や、呪言《じゅごん》を代々継承する狗巻《いぬまき》家、五条家とともに菅原道真《すがわらのみちざね》の一族である乙骨《おっこつ》家など、呪術の継承に遺伝的要素があるように描かれている。第12話で五条悟《ごじょうさとる》が「基本的に術式は生まれながら体に刻まれているものだ」「だから呪術師の実力は才能がほぼ8割って感じなんだよねー」と語っていることでもわかる。あるいは生物学的な遺伝ではなく、一族にかけられたある種の「呪い」とも考えられるが、いずれにしてもある程度の先天性があるようだ。

呪術御三家の中でも特に血筋を重要視するのが加茂家で、第43話では加茂憲紀《のりとし》が使う赤血操術《せっけつそうじゅつ》に対して伏黒恵《ふしぐろめぐみ》が「血筋大好きの御三家らしい術式だな」と評している。そんな加茂家の最大の汚点とされるのが同名の加茂憲倫だ。加茂家という呪術界のエリート一族に生まれた加茂憲倫だったが、夏油傑《げとうすぐる》が体を乗っ取られたように、羂索《けんじゃく》に寄生されてしまった（第134話）。そのため、呪霊と人間のハーフの胎児から呪物をつくり出すなどおぞましい実験を繰り返し、混血異形の子を生み出すなど多くの呪術文化財を残したとされる（第60話）。

この憲倫と同じように由緒正しい家に生まれながら異能者として流罪となった人物に役小角がいる。修験道《しゅげんどう》の開祖として知られる小角は、飛鳥時代の実在の人物である。634年、小角は有力豪族である賀茂氏の分家筋にあたる賀茂役氏《かものえんのうじ》の家に生まれる。幼い頃から天才的な能力を発揮し、山中修行に明け暮れていたが、飛鳥の元興寺《がんごうじ》（現、飛鳥寺）の僧・慧灌《えかん》に見出されて孔雀《くじゃく》明王の呪法を授けられた。これは空海がもたらした正統密教（純密《じゅんみつ》）以前に日本に伝わっていた密教（雑密《ぞうみつ》）の呪術だ。また小角は道教《どうきょう》の呪術も学び、空中を飛べる「飛天の術」を獲得したという。

675年、小角は奈良県大峯山《おおみねさん》で修行していたところ、金剛蔵王権現《こんごうざおうごんげん》が現れた。小角はこれこそが自分が求める神だと悟って祀り、山岳信仰、神道、道教、密教（雑密）などが合わさり、日本独自の神・蔵王権現を本尊とする修験道が誕生した。厳しい修行に耐え、ついに自らの求める神と出会って修験道を開いたのである。

役小角と加茂憲倫の闇

超人的な呪術師として、数多くの伝説を残した小角だが、加茂憲倫と同じように闇

大山寺縁起（模本）
東京国立博物館
写真提供:TNM Image Archives
霊峰・大山で修行する役小角の様子が描かれ、背後には使役している2人の鬼が従っている。

の一面をのぞかせるエピソードもある。小角は奈良県吉野の金峯山《きんぶせん》と葛城《かつらぎ》の峰の間に橋をかけようと考えて、葛城山の神・一言主《ひとことぬし》を使役し、怒鳴りながら昼夜通しの突貫工事を行なわせた。醜い顔をしている一言主は顔をみられたくないので昼間の仕事を嫌がったところ、小角は藤の蔓《つる》で縛りつけて谷底に投げ捨てた。これを恨んだ一言主は里人にとり憑《つ》いて、「小角が謀反を企んでいる」と朝廷に報告させたという。

注目するのは、第1章で前述したように一言主は「吾は悪事も一言《ひとこと》、善事も一言、言い放つ神」、つまり言霊《ことだま》（呪言）の神である点だ。さらに一言主は小角の本家・賀茂氏の本拠地である葛城山の神であり、賀茂氏の守護神でもある。加茂家相伝の術式に満足せずに呪物文化財を次々と生み出し、加茂家に反発した加茂憲倫の姿と重なるエピソードだ。

また正史『続日本紀《しょくにほんぎ》』には、小角の弟子で、国家

公務員である呪禁師だった韓国連広足《からくにのむらじひろたり》に「師が妖惑の術を用いている」と讒言《ざんげん》されたエピソードが記録されている。こうして一言主と広足の讒言によって、６９９年に小角は伊豆大島に流された。

しかし、小角は海上を歩いて渡って富士山で修行をするなど、呪力レベルはますます高くなっていった。７０１年に罪を許された小角は故郷に戻ったが、ほどなくして「仙人になる」といい残して母を連れて昇天したという。仙人とは道教における不老不死の超人のことだ。

『呪術廻戦』第60話で、加茂憲倫（羂索）は「山向こうの寺」を開いており、逃げてきた呪霊の子を宿す特異体質の女性を使って呪胎九相図《じゅたいくそうず》を生み出した。そして、のちに夏油傑の体を乗っ取り、偽夏油として呪術高専東京校への襲撃や渋谷事変を企てた。母を連れて姿を消して、不老不死の超人となった点でも、小角と加茂憲倫との関連性がみられるのだ。

奈良時代

叛逆を画策した邪術使い・橘奈良麻呂《たちばなのならまろ》と夏油傑《げとうすぐる》

奈良時代に起きた反乱の連鎖

『呪術廻戦』第77・78話では、特級術師の夏油傑が、非術師がいない呪術師のみの世界を目指して、天元を中心とする呪術師たちに対して、同志と共に反乱を起こした。夏油傑と同じように朝廷に対して反旗を翻した邪術使いに奈良時代の貴族・橘奈良麻呂がいる。日本最古の説話集『日本霊異記《にほんりょういき》』には、奈良麻呂が「僧侶の人形《ひとがた》を描いた的を立てて、その黒眼を射る術を学んだ」と記されている。757年に反乱を画策して捕まり、獄中で死亡した。奈良麻呂は、朝廷で権勢をふるった橘諸兄《もろえ》の子で、諸兄のあとに朝廷の実権を握った藤原仲麻呂《なかまろ》を討伐して天皇廃立を企てた。しかし、この計画は事前に露見して、乱の協力者の大伴古麻呂《おおとものこまろ》、安宿王《あすかべ》、黄文王《きぶみ》たちは逮捕されたのち、拷問によって絶命した。ところが奈良麻呂一派を討伐した仲麻呂もまた、孝謙《こうけん》天皇（女帝）の寵愛を受けた密教系（雑密）の呪術師・道鏡《どうきょう》を討伐しようと画策して逃亡後に捕まり斬首された。

『呪術廻戦』では反乱を起こした夏油はその後、五条によって殺されるが、脳を入れ替えれば肉体を転々とできる術式を持った羂索によって体を乗っ取られ、「偽夏油」として再度、呪術師たちに戦いを挑むことになった。夏油と羂索は、同じ末路を辿った橘奈良麻呂と藤原仲麻呂の姿に重なる。奈良麻呂の孫の橘嘉智子《たちばなのかちこ》は嵯峨《さが》天皇の皇后（檀林《だんりん》皇后）となった。『絵本百物語』には、檀林皇后は類《たぐい》まれな美人で、「死後に亡骸を埋めずに辻《つじ》（路上）に放置するように」という遺言を残した。死後腐敗し白骨化するまでの9段階の様子は絵に描かれた。その絵は世の諸行無常を伝えるもので「九相図《くそうず》」と呼ばれる。『呪術廻戦』に登場する呪胎九相図のモデルとなった絵で、9段階は脹相《ちょうそう》、壊相《えそう》、血塗相《けちずそう》、膿爛相《のうらんそう》、青瘀相《しょうおそう》、噉相《たんそう》、散相《さんそう》、骨相《こっそう》、焼相《しょうそう》の名称がつけられている。九相図の脹相は虎杖悠仁を弟と認識している。このことは第１４３話で、虎杖悠仁の母親もまた羂索に体を乗っ取られていた様子が描かれていることから、虎杖悠仁は呪胎九相図の9人に次ぐ10番目の兄弟であることが明らかになった。

　さらに虎杖悠仁の父親の名前は虎杖仁で、虎杖親子はいずれも「仁」の字が名前にあるが、檀林皇后が産んだのが仁明天皇であり、やはり「仁」がつけられている。檀林皇后と関連がある呪胎九相図と虎杖悠仁、橘奈良麻呂と関連がある夏油傑と羂索という構図もここから見えてくる。

平安時代

密教系呪術の第一人者・空海《くうかい》と五条悟《ごじょうさとる》

非凡な才能を持った天才

『呪術廻戦』第45話では、羂索一派によって展開された結界「帳《とばり》」の条件が「〝五条悟〟の侵入を拒む代わりにその他〝全ての者〟が出入り可能な結界」となっており、これに対し庵歌姫《いおりうたひめ》が「確かにそれなら足し引きの辻褄は合う」と語っている。五条は全呪術師の力を合わせたほど強大な力を持っており、現代最強の呪術師といわれる。

実際の歴史上における呪術の天才といえば、日本に密教を伝えた空海が挙げられる。空海と五条悟との関連性については第2章でも紹介した。空海は774年に古代豪族の流れをくむ佐伯《さえき》氏の家に生まれた。非凡な才能を持った空海は18歳になると朝廷の役人の養成機関である大学に入学するが、儒教《じゅきょう》を中心とした教育に不満を抱き大学を去った。ちなみに少し深読みすると、空海が上京当時に滞在したのは「五条六坊」にあった佐伯院で、五条悟の「五条」と特殊能力「六眼《りくがん》」に通じる。

空海の入唐
804年に唐へ渡った空海は、20年間の留学期間をわずか2年で切り上げ、密教の正統を日本へ持ち帰った。

８０４年、空海は突如として遣唐使の一員に選ばれる。空海は留学生という身分で、国費が支給されず、20年間と定められた留学期間中の生活費や学費は自己負担だった。同じ頃に唐へ渡りのちに天台宗を開いた最澄は、この時すでに名声を得たエリート僧で費用は全額国が負担しているのと対照的だ。

８０６年、空海は20年間の留学期間をわずか2年で切り上げ帰国した。しかし、日本初の公認の密教僧は空海ではなく最澄だった。最澄も留学期間を８ヶ月で切り上げ、帰国早々から活躍した。

空海が開いた真言宗が密教を中心に置くのに対し、最澄の天台宗では密教を1要素として捉える。当初は密教拡大のために協力し合っていた空海と最澄は、こうした方向性の違いからやがて決別することになった。

朝廷も認めた空海の呪術

『呪術廻戦』第11話で、五条は「上層部は呪術界の魔窟」「保身馬鹿 世襲馬鹿 高慢馬鹿 ただの馬鹿 腐ったミカンのバーゲンセール」と呪術界を散々にけなしている。空海もまたそれまでの仏教界、大学教育に不満を持ち、官僚になる道を捨てた人物だ。『呪術廻戦』における五条家は呪術御三家のひとつではあるがもともと御三家の中では最も立場が弱く、「五条家は五条悟のワンマンチーム」「五条サンが効《き》かせていた融通《ワガママ》で救われていた術師が数多くいる」（第93話）と語られているが、空海もまた血筋や学歴といったものに頼らず、実力によって地位を確立した人物である。

密教の秘法を修得した空海は、呪術で数々の奇跡を起こした。810年、イナゴが大量発生して農作物を荒らした際には、害虫駆除の法によってひと晩で山野を埋め尽くしたイナゴの大群を消し去った。やがて朝廷からも実力を認められた空海は、816年、勅許を得て密教の根本道場である高野山金剛峯寺《こんごうぶじ》を開き、鎮護国家のための祈禱を担うようになった。

空海が目指したのは即身成仏《そくしんじょうぶつ》で、真言密教の奥義とされる。それまでの日本の仏教は誰もが悟りを開いて仏になることができるが、それに要する時間は膨大にかかる。そのため何度も生まれ変わって修行する必要があるとして、来世（死後）において仏となることを説いた。一方、空海は、今の人生の中で悟りを開くことは可能であり、生きながら仏になれると説いた。実際に空海は、人間離れした数々の奇跡を起こした。空海の伝説は全国で伝えられ、その数は５０００にも上るといわれる。

ちなみに、五条悟の「悟」は仏教において解脱《げだつ》、つまり仏になることを意味する漢字であり、即身成仏を象徴する名前といえるだろう。

『真言八祖像のうち空海』
奈良国立博物館 蔵　森村欣司 撮影
体系化された密教をもたらした空海の影響は大きく、空海以前の密教は雑密、空海以降の密教を純密と呼ぶ。

平安時代

岩を動かした浄蔵《じょうぞう》と七海建人《ななみけんと》

岩を動かす呪術を使った僧

『呪術廻戦』にはトリッキーな人物が多く登場するが、その中で珍しく「尊敬される大人」として描かれているのが七海建人だ。デンマーク人の血が流れているクォーターで、元サラリーマンという異色の経歴を持つ一級呪術師である。ぶっきらぼうながら子どもである虎杖悠仁たちを気遣い、命をかけて守り、「ナナミン」の愛称で慕われている。また二級呪術師の猪野琢真《いのたくま》からは非常に尊敬されている。

『呪術廻戦』第23話では、呪霊・真人《まひと》に対して、七海が十劃《とおかく》呪法「瓦落瓦落《がらがら》」で攻撃をするシーンがある。これは「破壊した対象に呪力を篭《こ》める拡張術式」で、破壊した瓦礫《がれき》に呪力を込めて攻撃するものだ。

七海のように平安時代に岩を動かす呪術を行なった呪術師がいた。天台宗の僧・浄蔵だ。『古今著聞集《ここんちょもんじゅう》』には、呪術によって数々の奇跡を起こした浄蔵に対して、ライバル視した修験者から呪術対決を申し込まれた話が残されている。2人は岩を前に対峙し、まず浄蔵が岩を睨んで浮かせ、相手は地面に落とそうと同じように睨んだ。2人の呪力は拮抗し、やがて石は真っ二つに割れたという。

三大怨霊のうちの2人と対決した呪術師

『扶桑略記《ふそうりゃくき》』には、菅原道真の怨霊によって病に倒れた藤原時平《ときひら》に祈禱を施したところ、時平の両耳から青龍の姿となった道真の怨霊《おんりょう》が現れたという。また940年に関東で反乱を起こした平将門《たいらのまさかど》に対して、浄蔵は比叡山延暦寺《ひえいざんえんりゃくじ》で大威《だいい》徳法《とくほう》という調伏の呪術を行なった。するとローソクの火の上に将門の映像が映し出され、やがて鏑矢《かぶらや》の鳴る音がして東へ飛んで

『源氏一統志』
関東で乱を起こした平将門は、弓の名手である藤原秀郷によってこめかみを射抜かれたといわれる。

いった。これをみた浄蔵は将門が討たれたことを告げ、後日この時刻に将門が討たれたことが判明したという。

七海と共通する非術師の家系

浄蔵のように日本三大怨霊のうち2人とかかわった呪術師は珍しい。七海もまた数多くの呪霊と戦った歴戦の呪術師だ。同時代の呪術師の多くが呪術とゆかりのある血筋を持っていることが多い中、浄蔵は平安時代屈指の呪術師であるにもかかわらず、呪術とは無縁の家に生まれた。浄蔵の父は朝廷の文章博士《もんじょうはかせ》だった三好清行《きよつら》で、非術師（一般人）の家系に生まれた七海と重なる。浄蔵は7歳で仏教の道を志すが父に反対されたため、庭の枝を触れずに折るという奇跡をみせたという。

浄蔵の父・清行については、別のエピソードもある。浄蔵が若いときに修行の途中で一時的に京へ戻った際、橋の上で葬儀の列に出くわした。それが父の葬儀であることを知った浄蔵が経を唱えると父は息を吹き返したという。このことから、この橋は一条戻橋《いちじょうもどりばし》と呼ばれるようになった。ちなみに一条戻橋は安倍晴明《せいめい》が使役する式神《しきがみ》を保管したり、渡辺綱《つな》が鬼に遭ったりと、平安京屈指の怪異スポットである。

平安時代

五条悟・乙骨憂太《おっこつゆうた》の先祖 菅原道真《すがわらのみちざね》

実在する菅原道真の子孫である五条家

『呪術廻戦』で五条悟と乙骨憂太の祖先とされたのが、日本三大怨霊のひとり・菅原道真だ。道真は845年に文章博士だった菅原是善《これよし》の子として生まれた。『呪術廻戦』における非術師の家系だが、菅原氏の祖先は相撲の祖で埴輪《はにわ》の考案者とされる野《の》見宿禰《みのすくね》で、古墳造営に携わった土師《はじ》氏出身の一族である。道真の子孫には実際に五条家という一族が存在し、明治時代には華族に列せられた。五条家は下級貴族の家格で、江戸時代には祖先が相撲の神・野見宿禰であることから、相撲における力士や行司を司り、横綱免許を発給した家柄だ。

ちなみに両面宿儺の側近である千年前の術師で、羂索に協力する謎の呪詛師《じゅそし》・裏梅《うらうめ》がいるが、菅原系氏族の家紋のひとつに「裏梅紋」があることから、道真と何らかの関係性があるとも考えられる。裏梅紋を家紋にした戦国武将に飛騨高山藩の初代藩主となる金森長近がいるが、両面宿儺は飛騨高山地方に伝わる怪物である。ここから裏梅も飛騨高山地方の出身である可能性が高い。

異例の出世をしながら罪人同然の最期を迎える

成人した道真は父と同じ文章博士となり、やがて漢詩や土木などさまざまな分野で才能をみせたことから宇多《うだ》天皇に重用され、次の醍醐《だいご》天皇の時代には朝廷のナンバー3である右大臣にまで上り詰める。しかし、道真の家格が低かったことから出世をやっかむ人々の声が徐々に高まってきた。このとき、前述した平安屈指の呪術師である浄蔵の父であり、文章博士として道真の同僚だった三善清行は引退して人生を楽しむことを勧めている。傲慢な五条を皮肉まじりに諭す七海建人との関係性を思わせるエピソードだ。

辞職を決意した道真だったが、慰留されたため職にとどまった。しかし、901年にライバルである藤原時平一派の陰謀で、九州の大宰府《だざいふ》に左遷された。道真には大《だ》宰権帥《ざいのごんのそち》（大宰府の長官）という役職が与えられたが、大宰府に出府することは許されず、実質的に軟禁状態だったと考えられる。

給料も支払われないため痩せ細った道真に対して、人々は枝に餅を刺して窓から渡したといい、この故事に由来する梅《うめ》ケ枝餅《えもち》が太宰府天満宮の名物となっている。大宰府の道真の館跡からは、庶民にも広がっていた陶磁器ではなく素焼きの食器類ばかりが出土したことからも、単なる左遷ではなく道真が罪人と同様の扱いを受けていたことを物語っている。903年、道真は失意のもと亡くなった。

菅原道真が行なった呪術の記録

『呪術廻戦』0巻の最終話において、道真は「超大物呪術師」と紹介されている。

『皇国二十四功』贈正一位菅原道真公
菅原道真は讃岐に行政官として派遣された際に祈雨の呪術を行ない、7日目に雨を降らせた記録が残っている。

歴史上の道真は儒学者であり呪術師のイメージはないかもしれないが、行政官として讃岐《さぬき》（香川県）に赴任した際には呪術を行なっている。赴任先の讃岐平野は歴史的に水不足に悩まされた地域だが、道真は土木工事によって溜池をつくり、さらに旱魃《かんばつ》の際に祈雨の儀式を行ない、7日目に雨を降らせたという。

香川県綾川町の滝宮《たきのみや》天満宮に残る文書には、雨を喜んだ民衆が「道真の館に集まって踊った」という記録が残っている。祈雨は人々から最も求められた呪術で、空海や理源などの名だたる高僧が行なった。道真もまた高いレベルの呪術の使い手だったことがわかる。

16万以上の悪神を従える最強の怨霊

道真は死後、怨霊となったことが知られている。日本三大怨霊のうち、直接的な人的被害では道真の怨霊は突出している。道真排斥の首謀者である時平（909年死亡、39歳）、左遷を決定した醍醐天皇の皇太子・保明《やすあきら》親王（923年死亡、21歳）、次の皇太子である慶頼《よしより》王（925年死亡、5歳）が若くして次々と亡くなり、さらに930年には御所の清涼殿に落雷があり、これを目撃した醍醐天皇はショックを受けて体調を崩し、3ヶ月後に崩御した。こうしたことから道真は「天満大自在天神《てんまんだいじざいてんじん》」として祀られるようになり、『北野聖廟縁起』では、清涼殿の落雷は天神の使いである「火《か》雷天気毒王《らいてんきどくおう》」の仕業であるとされる。

『道賢《どうけん》上人冥途記』には、941年には日蔵《にちぞう》という僧侶が修行中に命を落として浄土へ行ったエピソードに道真が登場する。浄土で出会った道真は日本太政威徳天《にほんだじょういとくてん》と

『北野天神縁起絵巻』(弘安本)
東京国立博物館 蔵　写真提供:TNM Image Archives
日蔵が修行によって息絶えた際に訪れた地獄の様子が描かれている。
日蔵は城に招かれ、日本太政威徳天となった菅原道真と面会する。

なっており、「死後84年が経ち、念願だった密教が流行《はや》ったことから(道真は遣唐使になることを望んでいた時期がある)、恨みはもうない」「私の眷属《けんぞく》には16万8000の悪神がいる。その気になればいかなる災厄も引き起こすことができる」と語ったという。

『呪術廻戦』において、最強の呪術師である五条悟と、五条と並ぶ才能を持つとされる乙骨が道真の子孫という設定は、「呪いの王」と称される両面宿儺《りょうめんすくな》に対抗できるほどの力が道真にあるからなのかもしれない。

平安時代

式神《しきがみ》を操る最強陰陽師・安倍晴明《あべのせいめい》と伏黒恵《ふしぐろめぐみ》

狐の変化《へんげ》を母に持つ安倍晴明

『呪術廻戦』で主人公・虎杖悠仁《いたどりゆうじ》の同級生である伏黒恵は、禪院家を出奔した禪院（伏黒）甚爾《とうじ》の息子で、禪院家相伝の術式・十種影法術《とくさのかげぼうじゅつ》によって、式神を操る。両面宿儺や呪詛師が式神使いと認識していることから、呪術界で式神はメジャーな存在であることがうかがわれる。式神は陰陽師が用いた呪術で、ものを操作したり、神霊を使役したりする術のことだ。この式神使いとして最も有名なのが安倍晴明である。第2章では、晴明と伏黒が用いる式神について、関連するエピソードをいくつか紹介した。実は、伏黒と晴明との共通点はこのほかにもある。まずは晴明の生い立ちと生涯についてみてみよう。

賀茂忠行《ただゆき》によって見出された才能

禪院一族の血を引く伏黒恵だが、「伏黒」は母親の姓である。伏黒恵の母親については名前すらわかっていない。一方、『尊卑《そんぴ》分脈《ぶんみゃく》』によれば、安倍晴明は大膳大夫《おおかしわでのかみ》という役職を務めた安倍益材《ますき》の子として920年頃に生まれた。また、大阪府和泉市の信太森《しのだのもり》葛葉《くずのは》稲荷神社には、晴明の母についての奇妙な伝承が残っている。それによると、晴明の母は父（ここでは安倍保名《やすな》）が助けた葛の葉という名の狐の変化で、幼い晴明が狐の姿に戻った母をみて泣き出したため、狐は霊力を晴明に授けて姿を消したという。同様の話が浄瑠璃などの演目で伝えられる。

『新形三十六怪撰』
葛の葉きつね童子にわかるゝの図
安倍晴明はさまざまな逸話が残ることから、その母は狐の変化である葛の葉とする伝説も残っている。

幼少期の晴明について、『今昔物語集《こんじゃくものがたりしゅう》』では陰陽道の大家である賀茂忠行の弟子として同行した際のエピソードがある。夜、牛車《ぎっしゃ》に乗った忠行は車の中で眠り込んでしまった。徒歩で忠行の供をしていた晴明は前方に鬼の大群がいることを目撃して忠行に告げた。忠行は術によって自分や供の姿を隠して難を逃れたという。

『呪術廻戦』第79話では、五条悟が小学校1年生の伏黒との出会いのシーンが描かれている。そこで五条は「君見える側だし持ってる側でしょ」「自分の術式《ちから》にも気づいていているんじゃない?」とややフランクにスカウトしている。そして「後は任せなさい」と伏黒を呪術高専に引き取ることになった。

鬼の群れを目撃した晴明だが、このときほかの者には鬼がみえなかった。こうしたことから五条と伏黒のように忠行は晴明の非凡な才能を見出し、自分の呪術のすべてを教えるようになった。忠行は晴明の才能を「この道を教えること甕《かめ》の水を移すが如し」と評している。

陰陽道二大宗家の誕生

晴明は忠行の子である保憲《やすのり》とともに陰陽道を学んだ。陰陽道は大きく暦道と天文道に分かれるが、後年忠行のあとを継いだ保憲は、天文道を晴明に譲り、保憲の子の光《みつ》栄《よし》に暦道を譲った。こうして天文道の安倍家と暦道の賀茂家が二大宗家として陰陽道を継承していくことになった。

才能を見込まれた晴明だが出世は遅く、960年、40歳で天文得業生《とくごうしょう》（陰陽寮の天文道の学生）になり、天文博士になったのは50歳前後だった。977年に保憲が亡くなると晴明の存在感は高まり、天皇の命によってさまざまな儀式を執り行なうようになった。晴明は、朱雀《すざく》、村上《むらかみ》、冷泉《れいぜい》、円融、花山、一条の6代の天皇に仕えたが、特に花山天皇と一条天皇から信頼され、995年には天皇専属である蔵人所《くらうどどころ》陰陽師に就任した。そして陰陽師としては異例の従《じゅ》四《し》位下《いのげ》までの出世を遂げる。これは陰陽師の大家だった忠行が従《じゅ》五《ご》位下《いのげ》だったことからみても異例の出世といえる。ちなみにこのときの年収は361石で現在の貨幣価値で4億円に上る。数々の伝説を残した晴明は、1005年に85歳で亡くなった。当時としては異例の長寿だった。

安倍晴明像　東京国立博物館 蔵
写真提供:TNM Image Archives
式神使いとして有名な陰陽師と伏黒恵には、さまざまな点で関連性がみられる。

「禪院家」の名前の由来となった寺院

陰陽道における多大な影響を残した晴明だったが、そのひとつが泰山府君《たいざんふくん》を陰陽道の最高神と位置づけた点だ。第2章では、死者を甦らせる泰山府君祭という呪術を行なった晴明のエピソードを紹介した。これにみられるように泰山府君は人間や生き物の生死を司る神である。この泰山府君を祀る寺院が京都にある。伏黒の出身家である「禪院」と通じる名の赤山禅院《せきざんぜんいん》だ。赤山禅院は天台宗の総本山である比叡山延暦寺の別院で、御所の鬼門を守護している。創建は晴明が活躍した時代の前の888年のことで、晴明と赤山禅院のエピソードは残っていないが、晴明が泰山府君祭で救った僧侶は天台宗の高僧だった。

伏黒の術式は、泰山府君祭と同じ死者を甦らせる神道系呪術に由来している。伏黒の術式・十種影法術は、『古語拾遺《こごしゅうい》』や『先代旧事本紀《せんだいくじほんぎ》』などに記された十種神宝《とくさのかんだから》がモデルになっており、各式神はこの十種神宝のシンボルに似たマークが呪印となっている。十種神宝は、天皇家の祖先である天孫ニニギより前に地上世界に降臨していたもうひとりの天孫ニギハヤヒが天上世界からもたらした神宝だ。

鏡（沖津《おきつ》鏡・辺津《へつ》鏡）、剣（八握剣《やつかのつるぎ》）、勾玉（生玉《いくたま》・死返玉《まかるかへしのたま》・足玉《たるたま》・道返玉《ちかへしのたま》）、布状の飾具（蛇《おろちの》比礼《ひれ》・蜂《はちの》比礼《ひれ》・品物《くさぐさのものの》之比礼《ひれ》）のことで、このうち「八握剣」は最

赤山禅院（京都市左京区）
陰陽道の主神である泰山府君を祀る赤山禅院は、京都御所の鬼門（東北）を守護している。

強の式神として「八握剣異戒神将《いかいしんしょう》　魔《ま》虚羅《こら》」の名が作中に登場する。
『呪術廻戦』第117話では、伏黒が「八握剣 異戒神将 魔虚羅」を召喚する際に「布瑠部由良由良《ふるべゆらゆら》」という呪文を唱えている。『令義解《りょうのぎげ》』には、十種神宝の神宝を使った呪術にこの呪文が登場する。十種神宝を持って「一《ひと》、二《ふた》、三《み》、四《よ》、五《いつ》、六《む》、七《なな》、八《や》、九《ここの》、十《たり》」といってから「布留部由良由良布留部」と揺り動かすと、病や傷を治療し、死者をも甦らせることができるという。十種神宝を使ったこの儀式は、神道系の泰山府君祭に相当する呪術といえる。

平安時代
陰陽道宗家を築いた賀茂忠行《かものただゆき》・保憲《やすのり》と加茂憲紀《かものりとし》

陰陽道を家業にするエリート一族

『呪術廻戦』における呪術御三家のひとつ・加茂家のモデルは、陰陽道の二大宗家のひとつである賀茂家で間違いないだろう。賀茂家は、最古の神社のひとつとして知られる大神《おおみわ》神社の神を祖先とする三輪系氏族の流れをくむ名門一族だ。忠行は占いを得意とし、『今昔物語集』では、醍醐天皇が忠行の実力を試すために、布で覆われた箱の中身について質問したところ、忠行は占いで見事、水晶の数珠が入っていることを当てたという。

忠行の子の保憲は917年に生まれたが、同じく『今昔物語集』に呪術師としての才能がわかるエピソードがある。忠行が祈禱のためにでかける際、当時10歳ほどだった保憲もついてきた。帰りの牛車で保憲は「先ほどの祈禱の場所で、恐ろしい姿をした、人ではない者たちが20~30人ほどやってきた」といった。これを聞いた忠行は、

「陰陽道に優れた私ですら、幼い頃に鬼神をみることはなかった。きっと優れた陰陽師になるだろう」と思い、自分の知っている陰陽道をひとつ残らず教えたという。

保憲は陰陽師として暦博士、天文博士と順調に歩み、陰陽寮のトップである陰陽《おんみょう》頭《がしら》に就任する。先ほどの逸話の通り、保憲は非凡な才能をみせ、父・忠行を抜いて出世した。保憲は、父・忠行のもとで晴明とともに陰陽道を学び、陰陽道の実質的トップになると、暦道を子・光栄に、天文道を晴明に継がせた。

『呪術廻戦』で、保憲と同じ「憲」の字を名に持つ加茂憲紀は、禪院家出身の伏黒恵に親しみをみせるシーンがある。『呪術廻戦』第44話では、交流戦で加茂と戦った伏黒が「ちょいちょい出してくる仲間意識なんなんですか」と聞くと、加茂は「共感《シンパシー》さ」と答え、さらに「君と私は同類だ」と語っている。保憲もまた晴明と同じように才能を見出されて共に学び、家業である陰陽道を息子と晴明で二分するほど、家族同然の意識を持っていたことを彷彿とさせるエピソードだ。

さらに第238話では、完全復活した両面宿儺の強さについて、「天使を含む安倍家の精鋭と菅原家余党で編成された〝涅漆鎮撫隊《でっしちんぶたい》〟を退けている」とあり、『呪術廻戦』の作中で初めて安倍家の存在が明らかになった。来《くる》栖《す》華《はな》に受肉した天使は、伏黒恵を「運命の人」と呼んでおり、伏黒恵と安倍晴明の関連性がうかがえる。

平安時代

蘆屋道満《あしやどうまん》とシン・陰流《かげりゅう》を考案した蘆屋貞綱《あしやさだつな》

安倍晴明のライバルである大物呪術師

安倍晴明のライバルとしてさまざまな創作物に登場するのが蘆屋道満だ。実在が確実視されておらず、複数の人物が道満と同一視されている。『宇治拾遺物語《うじしゅういものがたり》』や『古事談《こじだん》』では、道満と同一視される道摩《どうま》法師の話が記されている。ある日、藤原道長《みちなが》が門をくぐろうとしたところ飼っていた白犬が入らせまいと服を噛んだ。道長が晴明を呼んで占わせると、土中に呪具が埋められていた。犯人を探るために晴明が紙を鳥の形に結んで宙に投げると、紙は白鷺となって飛び去り、道摩法師の家の前に落ちた。このことから道摩法師は平安京を追放されたという。

また『晴明朝臣入唐伝《せいめいあそんにっとうでん》』には次のようなエピソードがある。晴明の弟子となった道満が、晴明の妻の梨花《りか》と密通して、晴明が唐から持ち帰った秘伝書の場所を聞き出して書き写した。そして晴明に秘伝書を自分が持っていることを伝えた。「持っているはずがない」と否定する晴明に命をかけることを提案した道満は、書き写した秘伝書をみせ、晴明は命を落とすこととなった。しかし、唐における晴明の師だった伯道《はくどう》上人が来日し、泰山府君祭で晴明を蘇生させた。伯道上人は道満に晴明が生きているかどうか、道満と命をかけることを提案した。晴明が甦っていたため今度は道満が首をはねられて死んだという。

『蘆屋道満大内鑑《おおうちかがみ》』では、道満は晴明のライバルではなく後見人として描かれている。道満は晴明の父・保名に前述した秘伝書を渡そうとするが、自分には出世の見込みがないから息子に渡してほしいと依頼される。保名と狐の変化との間に生まれたとされるその息子に非凡な才能を見出した道満は、秘伝書を渡して「晴明」と

『北斎漫画』安倍晴明と蘆屋道満
安倍晴明のライバルとされる蘆屋道満を、晴明の後見者・協力者とする伝承も残されている。

名付けたという。また『笈埃随筆《きゅうあいずいひつ》』に記された、人魚の肉を食べて不老長寿になった八百比丘尼《やおびくに》の父・秦《はた》道満が、蘆屋道満とする説もある。

シン・陰流とドーマン（九字切り）の共通点

『呪術廻戦』には、道満と同じ「蘆屋」の姓を持つ人物として、シン・陰流の考案者である蘆屋貞綱がいる。第82話では、三輪霞《みわかすみ》や与幸吉《むたこうきち》が使うシン・陰流について、貞綱が「凶悪巧者な呪詛師《じゅそし》や呪霊から門弟を守るために編み出された技」と紹介されている。シン・陰流の真骨頂である「簡易領域」は、敵の領域展開から身を守るための「弱者の〝領域〟」とされる。簡易領域にはさまざまなバリエーションがあり、例えば、第40話で描かれた三輪の簡易領域は「領域内（半径2・21ｍ）に侵入したものを〝全自動《フルオート》〟反射で迎撃する」とされている。簡単にいってしまえば、敵の攻撃から身を守るための簡易的な結界だ。シン・陰流はこの簡易結界のほかに斬撃の技として、一級呪術師の日下部篤也《くさかべあつや》の居合「夕月」「抜刀」などがある。

民間に伝わった陰陽道には五芒星の「セーマン」と縦4本・横5本の線を交差させた「ドーマン」という代表的な呪符がある。セーマンは安倍晴明から、ドーマンは蘆屋道満に由来するとされる。セーマンは晴明が考案した魔除けの図形で、晴明紋とも呼ばれ、晴明神社の社紋にもなっている。ドーマンは、陰陽道や修験道で用いられる九字切りを図形化したもので、「臨《りん》・兵《ぴょう》・闘《とう》・者《しゃ》・皆《かい》・陣《じん》・烈《れつ》・在《ざい》・前《ぜん》」と唱えながら、手で刀を模した「刀印」で縦横に空間を切り、邪気を祓うものだ。九字切りは護身法であり、なおかつ五陰魔や煩悩魔などのあらゆる悪魔を切断する調伏法でもあるとされる。

シン・陰流は、「簡易領域」という護身的要素と、斬撃による攻撃的要素を持っているが、これは九字切りと同じ特徴といえるだろう。

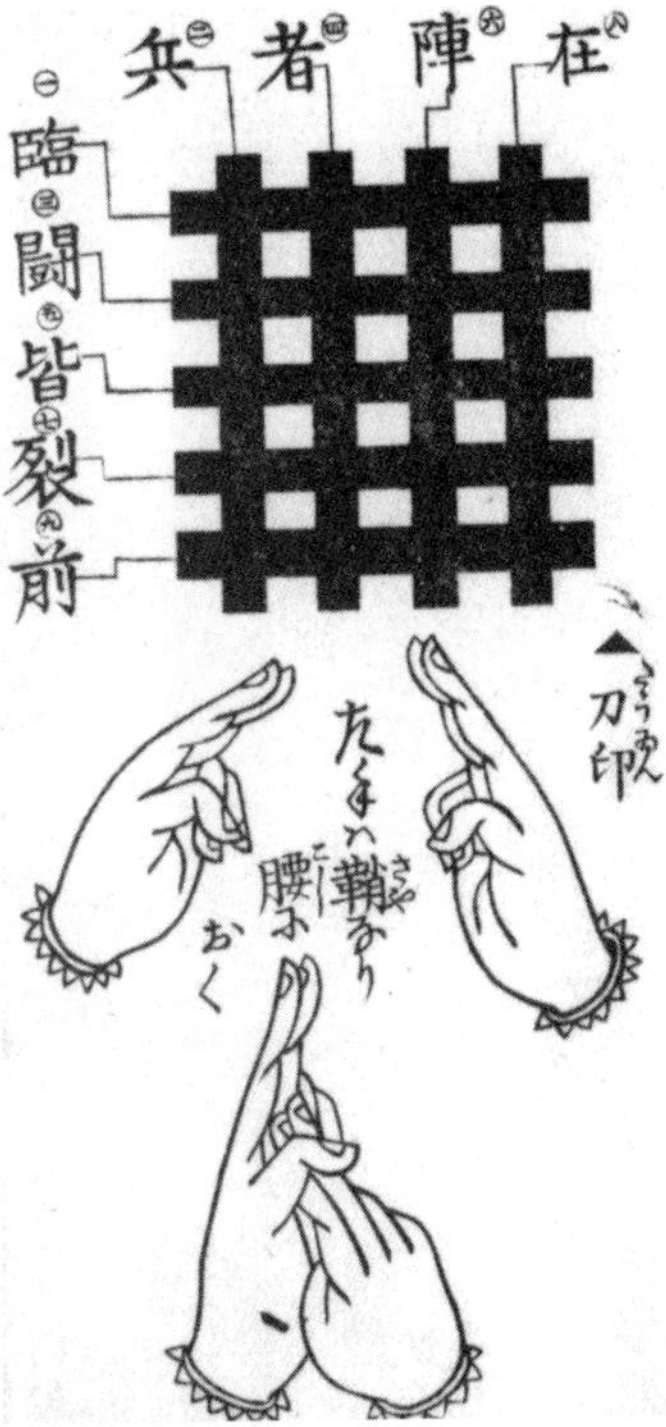

九字護身法(九字切り)
9字の呪文とともに上下左右に9本の線を切る九字切りは、簡易的な結界であり、魔を祓う力があるとされる。

平安時代
人造人間をつくった僧・西行《さいぎょう》と真人《まひと》

反魂《はんごん》の術で人造人間を制作

『呪術廻戦』に登場する特級呪霊である真人は、「人が人を憎み恐れた腹から産まれた呪い」（第20話）で、術式「無為転変《むいてんぺん》」によって魂の形を変えられた人間が呪霊のように姿を変えてしまう「人造人間」を生み出す。仏教説話集である『撰集抄《せんじゅうしょう》』には、平安時代末期の僧侶で歌人としても活躍した西行が、真人と同じように人造人間をつくった話が残されている。1118年に生まれた西行は元武士で俗名を佐藤義清《のりきよ》という。百目鬼《どうめき》や大百足《おおむかで》などの物の怪や、日本三大怨霊のひとりである平将門を討った藤原秀郷《ひでさと》の子孫でもある。1140年、23歳で出家して各地を放浪した。

1149年に高野山に入った西行は、寂しさから野原にうち捨てられていた人骨を拾い集め、反魂の術を行なって人造人間をつくろうとした。しかし、立ち上がった人造人間は、姿こそ人間だが、肌の色が悪く声も汚く心を持たない人外の者だった。西行は落胆してこの人造人間を人が訪れない場所に捨てた。西行は反魂の術を学んだ徳大寺家を訪ねて失敗した理由を尋ねたところ、人造人間のつくり方が間違っていたことが明らかになった。しかし、西行がその後、人造人間をつくることはなかったという。

『呪術廻戦』では真人の無為転変で魂の形を変えられた人間が異形の姿となり、ほとんど意識も喪失する。また第121話で描かれた真人の術式のうち、「多重魂《たじゅうこん》」は「二つ以上の魂を融合させる技」、「撥体《ばったい》」は「多重魂によって発生した拒絶反応を利用し魂の質量を爆発的に高め相手に向け放つ」技とある。

西行の人造人間も複数の人骨からつくられており、結果的に人造人間は完成しなかった。「多重魂」は複数の人間の魂が融合できない性質を利用したものであり、西行の失敗例と同じ原理となっていることがわかる。

『月耕随筆』西行法師
反魂の術を学んだ西行は、野原にうち捨てられた人骨を拾い集め人造人間をつくった。

平安～江戸時代
不老不死の女性・八百比丘尼《やおびくに》と天元《てんげん》

源義経に仕えた過去を持つ不老不死の人物

天元と同じように不死の人物の伝承が日本には残されている。『清悦物語《せいえつものがたり》』には、源義経の家臣だった清悦《せいえつ》という人物が「ニンカン」と呼ばれる、皮がなく身が異様に赤い魚を食べたことで不老長寿になったとされ、400年以上生き続けたという。清悦は東北の大名・伊達家の配下である小野太左衛門《おのたざえもん》に兵法を教えたとされ、『清悦物語』はこの太左衛門が師について書いた書である。

『義経記《ぎけいき》』に名がある平安時代の僧侶・常陸坊海尊《ひたちぼうかいそん》は源義経に仕えた人物で、東北地方に残る伝説では、赤魚あるいは人魚の肉を食べて不老長寿となり、源平合戦や義経の物語を人々に語り継いだとされる。江戸時代の人物が常陸坊海尊に会った伝説も残されており、400～500年ほど生きたことになる。『清悦物語』では清悦と常陸坊海尊は同一人物としている。

『康富記《やすとみき》』には福井県から白比丘尼《しろびくに》という200歳以上の尼僧が上洛した記述がある。同様の記録がある『臥雲日件録《がうんにっけんろく》』では、この白比丘尼の年齢が800歳とあり、白比丘尼＝八百比丘尼としている。『提醒紀談《ていせいきだん》』には、ある男が海で奇妙な姿の魚を釣って捨ててしまったところ、娘が食べてしまった。するとその娘は不老長寿となり、800歳まで生きたとされる。

八百比丘尼入定洞(福井県小浜市)
白雉5年（654）に生まれ、800歳まで生きた八百比丘尼が入定（即身成仏すること）した場所と伝えられる。

『呪術廻戦』では、天元は肉体を維持するため500年に一度、天元と適合する人間である星漿体《せいしょうたい》と同化し、肉体の情報を書き換える必要がある（第66話）。清悦や八百比丘尼はいずれも人魚や怪魚を食べたことで不老不死になるが、星漿体と同化することで現状を維持する＝不老となる点で一致する。コミックス23巻のおまけでは、天元の若い頃の姿が女性として描かれており、高次の存在となる前は女性だったようだ。天元と八百比丘尼は女性であることも共通しているのである。

コラム

獄門疆《ごくもんきょう》となった源信《げんしん》

『呪術廻戦』第90・91話で五条悟を封印した獄門疆は、「生きた結界　源信《げんしん》の成れ果て」と紹介されている。源信《げんしん》は平安時代の天台宗の僧で、浄土真宗では第六祖とされる。『諸国百物語』では源信《げんしん》が地獄をめぐって現世に帰還した物語が載っており、源信《げんしん》が著した『往生要集』は地獄の様子をはじめ死後の世界観を広めた。

読み方は違うが、平安時代に左大臣を務めた源信《みなもとのまこと》という人物もいる。箏《しょう》の名手で『今昔物語集』には源信《みなもとのまこと》が演奏すると天人がやってきて舞をみせたと伝わる。866年、応天門が放火される事件があった。応天門は大伴《おおとも》（伴）氏によって建造された門で、源信《みなもとのまこと》のライバルだった伴善男《とものよしお》は源信《みなもとのまこと》が伴氏を呪うために放火したと讒言し、源信《みなもとのまこと》の館は捕縛のための兵で包囲された。結局、源信《みなもとのまこと》は無罪となり兵は引き揚げたが、これ以降、源信《みなもとのまこと》は館から出なくなったという。

地獄から帰還した源信《げんしん》と、館に籠《こも》って外出しなくなった源信《みなもとのまこと》、この2人の「源信」のエピソードが基になって、獄門疆の設定が生まれたのかもしれない。

第4章

新考察『呪術廻戦』の謎

『呪術廻戦』に描かれた呪いの正体

なぜ人々は「呪い」に惹かれるのか

『呪術廻戦』における「呪い」の意味

『呪術廻戦 公式ファンブック』には、作者の芥見下々《あくたみげげ》先生の過去のインタビューや対談が掲載されているが、その中で『BLEACH』『ワールドトリガー』（集英社）をはじめ、アニメ監督の庵野秀明氏などさまざまな作品やクリエイターから影響を受けたことを語っている。

また『呪術廻戦』を制作する背景として、『呪術廻戦』0巻のあとがきには、「『こういう展開面白いかもなー』『こういう人物《キャラ》いいなー』『こうしたらアツいかなー』みたいな〝なんとなく〟の連続で描いています」とし、「他のマンガでやろうとしていたけど叶わなかった〝なんとなく〟のストックを呪術にいっぱい盛り込むぜ!!って感じで企画をつくった」とあり、「マンガを描く時〝テーマ〟」を決めていないと語っている。

なぜ人々はこの科学技術が発達した現代社会において、1000年前に全盛期だった「呪術」をテーマにした作品に熱中するのだろうか。それは、『呪術廻戦』における「呪い」に対するアプローチには、現在の私たちが日々、恐れ、悩み、苦しんでいるものの根本的な原因として「呪い」が象徴的に描かれているからだ。

「呪い」とは、一般的に「特定の人物あるいは集団に災厄が降りかかることを望む悪意から生まれるもの」というイメージがある。しかし、『呪術廻戦』における「呪い」は、辛酸・後悔・恥辱といった負の感情のこととし、公式ファンブックでは、「呪いは言い換えれば〝ストレス〟」と記されている。ストレスとは心に負荷がかかった状態のことを指す。そのため、災害や疫病への恐怖心はもちろんのこと、カミや自然に対する畏怖もまた、「悪いことをしてはいけない」「山を汚したら祟《たた》りが起きる」といったプレッシャーとなるため、「呪い」となる。そして『呪術廻戦』ではこの呪いを、「呪霊《じゅれい》」と呼ばれる物《もの》の怪《け》として（呪術師には）目にみえる姿として描いた点が画期的といえるだろう。

現代社会における最大の呪い

本来、目にみえないはずの「呪い」＝「ストレス」とはどこから生まれてくるのか。『呪術廻戦』では、強力かつ凶悪な呪霊・真人《まひと》について「人が人を憎み恐れた腹から産まれた呪い」と語られている（第20話）。災害や飢餓などの恐怖を文明と経済発展によってある程度克服した現代の日本において、最も大きなストレスの中心は、人間関係であることが多いだろう。「人が人を憎み恐れること」とは他者から認められたいと願う「承認欲求」から生まれる感情だ。「愛してほしい」「仕事や努力を認めてほしい」という気持ちは、「好きな人から嫌われたくない」「仲間はずれは嫌だ」といった恐れへと変わり、自分のことを「愛さない人」「認めてくれない人」を憎むようになる。

「認めてほしい」という欲求に相手が応えてくれないとき、「あいつの目は節穴《ふしあな》だ」「相手に人間的な問題があるのだ」と反対に相手を否定することで、心の安定を保とうとする。『呪術廻戦』において真人や呪霊たちが人間に対する嫌悪感を抱き、排除するのは、この満たされない「承認欲求」が湧き起こるためとみることができる。「好きでいてくれない（認めてくれない）なら、あなたなんかいらない」、これが『呪術廻戦』における「呪い」であり、呪霊の行動規範となっているのだ。

このことを象徴的にあらわしているのが第116話の漏瑚《じょうご》と両面宿儺《りょうめんすくな》が戦うシーンである。自らの強さにプライドを持っていた漏瑚が両面宿儺には傷ひとつ負わせることができず、最期を迎えることになる。そして、死の直前、両面宿儺から「誇れ オマエは強い」という言葉を聞いた漏瑚は呪霊にもかかわらず涙する姿が描かれている。

SNSの発展
現代社会に欠かせないコミュニケーションツールとなったSNSは、多くの「呪い」を生み出すフィールドにもなっている。

呪霊にとって人間とは、「恐れ」や「好きではない」という感情を向けてくる相手であり、だからこそ相手を排除しようとするのだが、その排除しようとした相手が「自分のことを認めてくれた」ということは本来ありえないことであり、最も求めていたことでもあったことを示しているといえるだろう。

『呪術廻戦』に人々が惹きつけられるのは、誰もが日常的に抱いている「他者から認めてもらいたい」という隠れた願望を、呪霊という目にみえる姿に具現化したことが一因であると考えられる。『呪術廻戦』における呪いを「承認欲求」と考えるとストーリーに新たな視点が加わるだろう。

呪霊が呪いの集合体である理由

多数の人間のストレスが呪霊を生む

公式ファンブックでは、「呪いとはストレス」と記されているが、この最たる例が、『呪術廻戦』0巻における主人公・乙骨憂太《おっこつゆうた》と、乙骨の呪いから生まれた特級過呪怨霊・祈本里香《おりもとりか》である。事故にあった里香に対して、乙骨は「死んじゃだめだ!!」と強く願ったことで、里香は怨霊となり乙骨にとり憑《つ》いた。最愛の人の死というストレスから、乙骨が持つ底なしの呪力によって、特級レベルの呪霊が生まれたのだ。ただし、のちに特級呪術師になる乙骨のような規格外の呪力を持った者は例外として、基本的に呪霊はひとりの人間の呪いからは生み出されないことになっている。

『呪術廻戦』における呪霊について真人は「人間から漏出した呪力の集合体」「実在しなくとも共通認識のある畏怖のイメージは強力な呪いとなって顕現しやすい」（第20話）と語っている。この「共通認識」を生み出すのが、「同調圧力」である。

同調圧力が生み出す「恐れ」

同調圧力とは特定のグループや集団内において、同じ価値観・意思決定を強要する雰囲気を指す。簡単にいってしまえば、「空気を読むこと」を求められることだ。日本は特に「空気を読むこと」を重要視する社会だ。コロナ禍《か》において「マスクは不要」「コロナなんて怖い病気でない」と思っている人は一定数いたが、「マスクをしていないと批判される」「非常識な人だと思われる」と考え、大多数の人はマスクを着用した。

同調圧力は社会に衝突を生みにくくして円滑に進める側面がある一方で、自分の意見を抑え込む必要があるために、個性は発揮されづらくなる。

『呪術廻戦』第116話で両面宿儺は、人間（非術師）について、「群《むれ》としての人間 群としての呪い 寄り合いで自らの価値を計る

コロナ禍のマスク着用
WHOによっても推奨されたマスクだが、日本では外国に比べて着用率が高く、欧米の8割に対して9割に達した。

から皆弱く矮小《わいしょう》になっていく」と語っている。これはまさに同調圧力について批判的に捉えた象徴的な言葉だ。

呪いを増大させる同調圧力と東京

呪霊は、このような同調圧力によって生み出されやすい。皆が恐れるものを無条件に自分も恐れ、皆が批判するものを自分も批判するからだ。『呪術廻戦』第4話では、「人口に比例して呪いも多く強くなるでしょ」「地方と東京じゃ呪いのレベルが違う」と語られている。人間が多いほど人間関係へのストレス（呪い）は増え、なおかつ同調圧力は高まる。だからこそ東京では「呪い（ストレス）のレベル」が違うのだ。

平安時代の平安京では、『呪術廻戦』における東京のように、多くの鬼や物の怪が跋扈《ばっこ》したとされる。実は、平安京も現代の東京と同じように同調圧力が強く働いた時代背景がある。平安時代は、奈良時代にはじまった律令《りつりょう》制による整備が進んだことで国家としての体裁が整い、価値基準の統一がなされた時代である。つまり「何がいいか」「何が悪いか」といった同調圧力が強く働いたのが平安時代であり、その最たる場所が平安京だったのだ。

呪術全盛の平安時代と『呪術廻戦』における東京は、ともに同調圧力が強く働く場所という共通点があるのだ。

呪術師が呪いを生み出さない理由

呪術師は「高位の承認欲求」を持つ者

『呪術廻戦』第77話では特級呪術師の九十九由基《つくもゆき》が夏油傑《げとうすぐる》に「術師からは呪霊は生まれないんだよ」「勿論《もちろん》術師本人が死後呪いに転ずるのを除いてね」と語っている。そして、「術師は呪力の漏出が非術師に比べ極端に少ない」からとその理由を説明している。

このことは、前述した呪いを「承認欲求」から生まれるストレスと捉えるとわかりやすい。アメリカの心理学者アブラハム・マズローは、承認欲求を「低位の承認欲求」と「高位の承認欲求」の2つに分類した。前述した「ほかの人から能力を認められたい」「好きになってもらいたい」という他者からの承認を求める感情を「低位の承認欲求」とする。そして、他者からの承認は関係なく、自分が自分を認めることができるか（自分を肯定できるか）を問題にするのが「高位の承認欲求」とした。

非術師が呪いを生むのは、承認欲求によるストレスの原因や発散を他者に求めているためであり（低位の承認欲求）、このことを「呪力の漏出」と表現しているのだ。

自己の内部で呪いをコントロールする呪術師

『呪術廻戦』に登場する呪術師の多くは、この「高位の承認欲求」を重視していることがわかる。代表的なのが釘崎野薔薇《くぎさきのばら》だ。

第１１６話で両面宿儺が語った「群としての人間 群としての呪い 寄り合いで自らの価値を計るから皆弱く矮小になっていく」というセリフとは対照的に、第5話では釘崎が呪術高専東京校に入った理由は、「田舎が嫌で東京に住みたかったから」として「そんな理由で命懸けられんの?」と聞く虎杖に「懸けられるわ 私が私であるためだもの」と語っている。釘崎は、「友達になるより他人になる方が難しい」という村人同士の距離感が近い田舎で生まれ育った。その田舎は引っ越してきた「沙織ちゃん」の家に対して、余所者《よそもの》という理由でゴミの投棄や落書きをするほど同調圧力の強いところだった(第１２５話)。釘崎は「あの村にいたら私は死んだも同然」と感じて、上京を決意したのだ。

釘崎の考えがよくわかるのが第41話だ。釘崎は「私は綺麗にオシャレしてる私が大好きだ!! 強くあろうとする私が大好きだ!! 私は『釘崎野薔薇』なんだよ!!」と高らかに宣言している。他者よりも自分の評価を重視していることがわかる。

非術師が呪い(ストレス)の原因を自分以外に求め、外部に発散するのに対して、

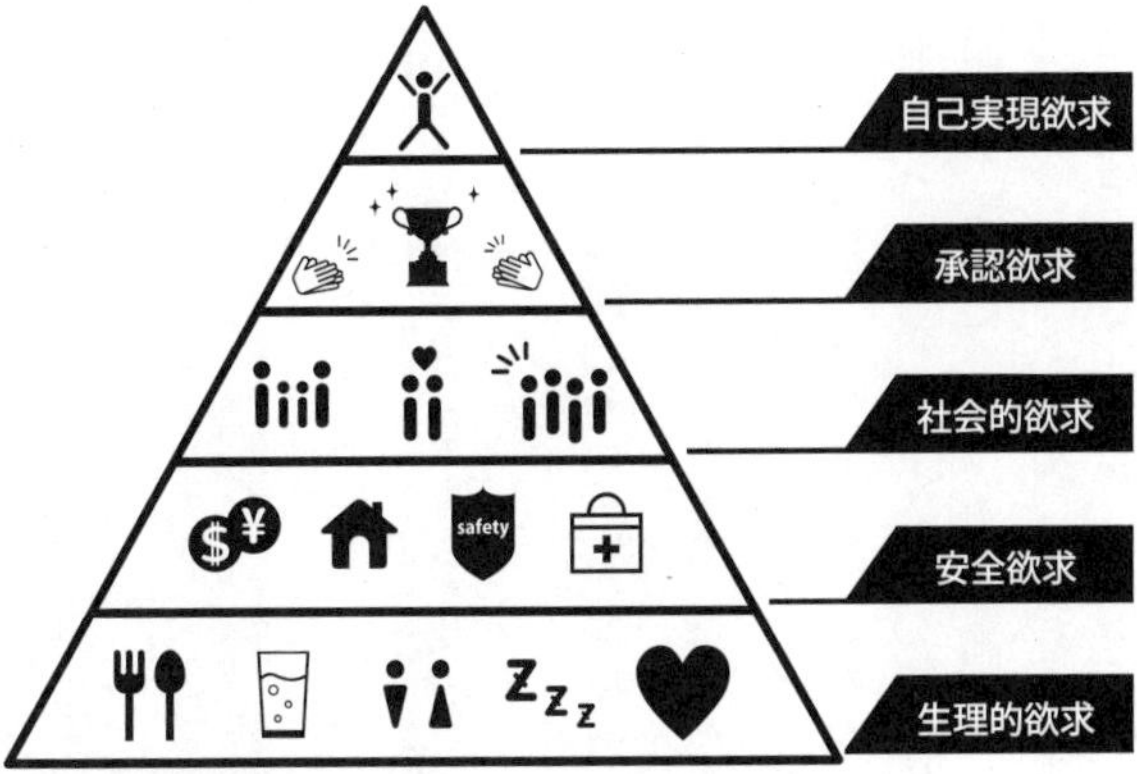

マズローの欲求5段階説
心理学者のマズローは人間の欲求には5段階あり、低位の欲求が満たされるとより高位の欲求を求めるようになるとした。

呪術師が呪いを生まないのは承認欲求へのストレスを自己の内部で完結するため（高位の承認欲求）といいかえることができる。第77話で九十九は、呪術師が呪力を漏出しない理由として「術式行使による呪力の消費量や容量の差もあるけど一番は流れだね 術師の呪力は本人の中をよく廻る」と語っていることからもわかるだろう。承認欲求へのストレスを外ではなく内側に求めていることを象徴的にあらわしているセリフといえる。

呪術師と非術師の違いは、呪い（ストレス）を自己完結するか、外に吐き出すか、によって生まれるのである。

なぜ五条悟《ごじょうさとる》と両面宿儺《りょうめんすくな》は最強なのか

同調圧力への耐性が呪術師のレベルを決める

他者から嫌われることを恐れないキャラクターたち

呪術師が呪い（ストレス）をコントロールする存在であるとしたら、その強さの違いはどこから生まれてくるのだろうか。このことは呪霊が「同調圧力」によって増大することと結びつけるとわかるだろう。同調圧力によってレベルの高い呪霊が生まれる背景について述べたが、この同調圧力に屈しないのが呪術師たちである。

『呪術廻戦』に登場する呪術師たちは孤高の人物として描かれている場合がほとんどだ。公式ファンブックによれば、主要なキャラクターで既婚者は呪術高専東京校の学長・夜蛾正道《やがまさみち》だけ（バツイチ）とし、幼くして両親を亡くしたり、離婚していたりする設定が多くみられる。社会の中で孤立しているわけではないが、他者からの評価に依存することなく、自らの価値観の上に立って主体的に生きている人々が呪術師として描かれているのだ。

呪術師とは、呪い＝「低位の承認欲求」にとらわれることがない人々、いい換えれば「他者から嫌われることを恐れない者」とみることができる。つまり同調圧力に屈しない人なのだ。

この他者からの視点を気にするかしないか、つまり同調圧力に対する耐性が、呪術師の強さにも大きく影響している。一種の突然変異であり、4人しかいない特級呪術師以外で、実質上の呪術界の最高位である一級呪術師には、七海建人《ななみけんと》、東堂葵《とうどうあおい》、冥冥《めいめい》、日下部篤也《くさかべあつや》などがいるが、いずれも他者からの視線によってブレることがない、確固とした価値基準を持っている。一級レベルの呪術師は同調圧力によって自分の意見を変えることはなく、また他者に評価を求めることもしない。

一方、呪術師であっても「禪院《ぜんいん》家の落ちこぼれ」としての劣等感を抱いている（他者からの評価を気にしている）禪院真依《まい》や、「女の呪術師が求められるのは〝実力〟じゃないの〝完璧〟なの」と女性についてのステレオタイプな価値観を感じている西宮桃《にしみやもも》など、他者からの視線を気にして同調圧力に対する耐性がほかの呪術師と比べて低い人物の呪術レベルは高く描かれていないのだ。

五条悟と両面宿儺をあらわす同じ言葉

現代の呪術師で最強とされるのが五条悟だが、五条についてほかの登場人物からの評判は散々だ。『呪術廻戦』第5巻の巻末では同級生の庵歌姫《いおりうたひめ》が「五条のことは割とマジで嫌い」と明かしているほか、第10巻の巻末では、「最強」ということ以外の評価として、「一応恩人です……一応」（伏黒恵）、「バカ」（釘崎野薔薇、禪院真希《まき》、パンダ、狗巻棘《いぬまきとげ》）、「軽薄 個人主義」（七海建人）と、「強さ」以外ではあまり尊敬されていない。しかし、これに対して五条はまったく気にしていない、というよりも感知すらしない。圧倒的な自我の持ち主が五条といえるだろう。象徴的なのが、五条悟と「呪いの王」である両面宿儺が同じ言葉で自分たちをあらわしている点だ。両者は『呪術廻戦』において規格外の強さを持っているが、二人とも自分のことを「天上天《てんじょうてん》下唯我独尊《げゆいがどくそん》」と表現している。

第30話では両面宿儺を「天上天下唯我独尊 己の快・不快のみが生きる指針」と紹介している。また五条は第75話で天内理子《あまないりこ》を守りきれなかったことで能力を覚醒させたが、このとき「俺は今オマエのために怒ってない 誰も憎んじゃいない 今はただただこの世界が心地良い」という心境となり「天上天下唯我独尊」といい放った。

この言葉は、仏教の祖であるブッダが誕生した際に発した言葉で、「自分は世界

（宇宙）にただひとり、誰とも代わることのできない人間であり、何一つ加える必要もなく、このままで尊い」という意味である。学歴や社会的地位、経済力、ファッションセンスなどの社会的な評価に関係なく、自分は最も尊い、という絶対的な自己肯定感といえるだろう。

五条と両面宿儺が強力な呪力を自在に操ることができるのは、『呪術廻戦』における「呪い」＝「ストレス」から超越した存在だからといえるのだ。

誕生仏
ブッダが誕生したときの姿とされ、右手で天上を、左手で天下を指差している。『呪術廻戦』でも五条悟が天と地を指差すシーンが描かれている。

なぜ虎杖悠仁《いたどりゆうじ》は「存在しない記憶」をつくれるのか

虎杖悠仁にかけられた呪い

作中で描かれた「存在しない記憶」の謎

『呪術廻戦』では、主人公・虎杖悠仁が起こす不思議な現象がある。それが、相手の過去の記憶に虎杖が登場する「存在しない記憶」が生まれ、虎杖に対して強い親近感を抱く現象だ。「存在しない記憶」が最初に描かれているのが、第35話で、女性の好みを聞いた東堂葵に対して、虎杖が東堂の好みと同じ「尻と身長のデカい女の子…」と答えた瞬間、「存在しない記憶」が東堂の脳内に溢れ出した。東堂と虎杖、そして東堂がファンのアイドル・高田延子《のぶこ》（通称、高田ちゃん）が同級生として存在し、その高田ちゃんに東堂が告白してフラれる思い出が登場するのだ。虎杖は上京するまで仙台におり、高田ちゃんはアイドルのため、同級生だった事実はない。これ以降、東堂は虎杖を「親友《ブラザー》」と呼ぶようになる。

また第106話では虎杖を追い詰めた脹相《ちょうそう》がトドメを刺そうとしたところ、虎杖が弟として、壊相《えそう》や血塗《けちず》とともに食卓を囲んでいる「存在しない記憶」が思い浮かんだ。テーブルには、受肉《じゅにく》していない呪胎九相図《じゅたいくそうず》が入った6本の瓶《びん》が置かれているが、4～9番の呪胎九相図は呪術高専東京校に厳重に保管されていることから、このような過去は存在しえない。

このほか、第27話では、真人によって改造人間にされた吉野順平が死の間際に、それまで名字で呼んでいた虎杖に「ゆ…うじ…な…んで？」とつぶやくシーンがある。アニメ版第1期前半のOPでは、呪術高専で虎杖たちと学生生活を営む様子が描かれていることから、吉野にも「存在しない記憶」が思い浮かんだのではないかと考えられている。

言葉が「呪い」となる

インターネット上では、「存在しない記憶」が虎杖の術式、あるいは受肉した両面宿儺の術式ではないかと考察されている。しかし虎杖は術式を使えない。『呪術廻戦』第12話で五条悟は「簡単な式神《しきがみ》とか結界術は別として基本的に術式は生まれながら体に刻まれているものだ」「だから呪術師の実力は才能がほぼ8割って感じなんだよねー」と語っている。五条は相手の術式をすべて理解する「六眼《りくがん》」を持っていることから、虎杖の術式でないことは明らかである。また第１０６話で脹相が「存在しない記憶」に戸惑っていることに対して、両面宿儺も「……?」と理解できない様子を示したため、両面宿儺によって起こされた現象でもない。

有力とされるのが、虎杖の祖父の遺言による呪いとするものだ。第1話で祖父は「オマエは強いから人を助けろ」「オマエは大勢に囲まれて死ね 俺みたいにはなるなよ」といい残して亡くなる。この言葉は虎杖に強い影響を与え、「自分の死に様はもう決まってんだわ」と語るなど、その後の虎杖の行動指針となっている。

第１２０話では、言葉が「呪い」となることを示唆するシーンがある。七海建人が真人に殺される寸前に過去に亡くなった同級生・灰原雄《はいばらゆう》のビジョンが浮かび、「駄目だ 灰原 それは違う 言ってはいけない」「それは彼にとって〝呪い〟になる」と思いながらも「後を頼みます」と虎杖に言葉を残して絶命した。灰原は七海の親友であり、過去に2人で行なった呪霊討伐で命を落としている。灰原が七海の呪いとなっているかどうかはわからないが、少なくとも言葉が呪いとなることを七海が知っていることがわかるセリフだ。

『呪術廻戦』0巻で、五条は乙骨憂太にとり憑いている怨霊・祈本里香について、里香が乙骨にかけた呪いか、乙骨が里香にかけた呪いかを判断することができなかったことから、六眼が術式や呪力をみることはできても、呪いについては詳しく感知できないことがうかがえる。こうしたことから、虎杖に祖父の呪いがかけられていたことを五条がわからなくても筋が通っていることになる。

『呪術廻戦』では、特定のデメリットを加える「縛り」によって呪術の力を高めることができる。この「縛り」も言葉の呪いの一種といえるだろう。第217話では、伏黒恵の姉・伏黒津美紀に受肉した万《よろず》が、両面宿儺に勝負に勝った場合には結婚することを迫る。これに対して両面宿儺が「勝手にしろ」と応じると、万は「言質取った‼ はい縛り‼」と狂喜しているシーンがある。呪力を持つもの同士の言葉は、相手の行動を左右する言葉の「呪い」となることを示している。

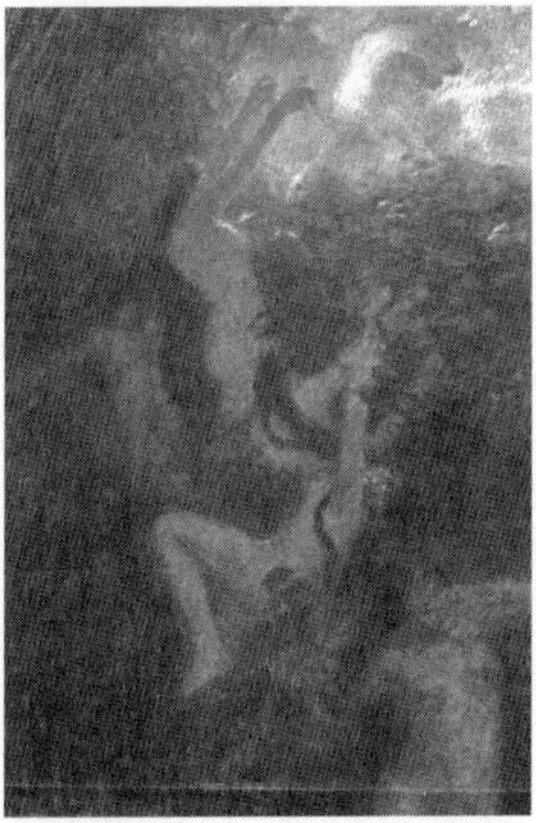

黄泉比良坂
東京藝術大学美術館 蔵
『古事記』には、最古の呪いの言葉の記述がある。死者の国の神となったイザナミが、生者の国に戻る夫のイザナギに対して、「1日に1000人を殺す」という呪いの言葉をいった。

真人の「オマエは俺だ」の真の意味

「虎杖」の名字があらわす「存在しない記憶」の効果

「存在しない記憶」で思い浮かんだ内容は、いずれも当人がみたいビジョンである。東堂に友人はおらず、自分と同じ価値観を持つ人物を求めていた。脹相は兄弟の絆を求めており、その大切な兄弟である壊相・血塗を失ったばかりである。また吉野はいじめを受けて不登校になっており、楽しい学生生活を望んでいた。

虎杖が「存在しない記憶」を発生させる呪いにかけられていることは、名字が示唆している。公式ファンブックでは、「名字は薬草から」と明かされている。薬草のイタドリはタデ科の植物で、葉には止血作用があったり、傷の痛みを和らげるため「イタドリ」の名前がついたともいわれる。これは、虎杖が相手の心の痛みを和らげることを示唆し、「オマエは大勢に囲まれて死ね」という呪いによって相手に強い親近感を与えているのではないか。

呪い＝ストレスという文脈で考えると、「存在しない記憶」は相手の承認欲求という呪い（ストレス）を祓《はら》う（解消する）効果がある。一方で、真人は承認欲求という呪い（ストレス）に対して、相手の拒絶と否定という形で応える存在として描かれている。

このことをよくあらわしているのが、『呪術廻戦』第126話で真人が虎杖にかけた「オマエは俺だ 虎杖悠仁 俺が何も考えずに人を殺すようにオマエは何も考えずに人を助ける‼」というセリフである。相手が最も求める絆（の思い出）を与える虎杖と、死という最も極端な解決をとる真人は、呪い（ストレス）へのアプローチが真逆である。だからこそ真人は、虎杖を「天敵」とし、強い殺意を抱くようになったのだろう。

承認欲求を満たす虎杖と、死という最も極端なマウンティングをする真人、両者は承認欲求という呪い（ストレス）への答えを出している点では同じであり、虎杖と真人は表裏の関係にあるのだ。呪いというと相手を呪殺する「呪詛《じゅそ》」のイメージが強いが、密教や修験道《しゅげんどう》における敬愛法や神道における「ムスヒ」に関する神事など、人と人との絆を結ぶ呪術が数多くある。虎杖と真人の呪いへのアプローチの違いは、日本の呪術における二面性をよくあらわしているのだ。

両面宿儺とは何者なのか

なぜ両面宿儺は「両面」を持つのか

古典に記された両面宿儺

『日本書紀』には飛騨《ひだ》高山地方に現れた怪物として両面宿儺が登場する。その姿は、2人の人間が背中合わせに合体したような2つの顔と4本の腕を持つ異形の怪物で、多くの手下とともに岩山に住んでいたという。この両面宿儺は仁徳《にんとく》天皇の命を受けたタケフルクマによって討伐された。両面宿儺は、地元飛騨地方では英雄とする伝承も残っており、ヤマト王権に対抗した荒ぶる将軍という一面と、地元民に恩恵を与えた優れた統治者としての一面を併せ持った豪族を、二面性のある姿として表現したともいわれる。

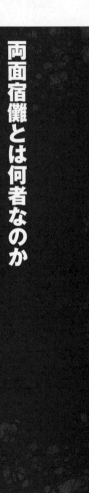

『呪術廻戦』における両面宿儺は、第3話や扉絵などにもたびたび4つの眼と4本の腕を持つ姿で描かれており、とても人間とは思えない姿だ。一方で、両面宿儺は呪霊ではなく実在した人物であることが明らかになっている。第3話では「両面宿儺は腕が4本 顔が2つある仮想の鬼神 だがそいつは実在した人間だよ 千年以上前の話だけどね」と語られている。また公式ファンブックでは、「見た目も強さも宿儺っぽいから宿儺と呼ばれていた人」とあり、第238話では、腕が4本、腹部に口がある両面宿儺の完全形が明らかになった。

では『呪術廻戦』における両面宿儺の完全形は、なぜ人間離れした異形の姿をしているのか。考えられる可能性として2つある。ひとつは人間に呪物が受肉《じゅにく》した可能性、もうひとつは人間と呪霊のハーフである可能性だ。

第55話では、呪胎九相図である脹相たち3兄弟が生まれた経緯が描かれている。脹相たちは真人によって人間に呪胎九相図を飲ませた存在だが、飲まされた人間の意識はなく、脹相に完全に体を乗っ取られている状態だ。血塗のように呪霊のような姿であってもあくまで生物（人間）として存在していることになる。こうしたことから、両面宿儺は何らかの呪物が受肉した存在、あるいは呪霊と人間とのハーフである可能性が考えられる。両面宿儺の「両面」とは呪術師と呪霊の2つの側面をあらわしているのではないだろうか。

羂索《けんじゃく》は両面宿儺をつくろうとしていた

羂索が目指す理想

『呪術廻戦』第136話では、偽夏油が九十九由基との会話の中で、「非術師 術師 呪霊 これらは全て〝可能性〟なんだ 〝人間〟という〝呪力〟の形のね」と語っている。ここから考察すると偽夏油は、夏油傑が考えた「呪術師だけの世界」を目指しているのではなく、「完全な人間」の完成を目指そうとしているのだ。では完全な人間とは何か。第60話では加茂憲倫《かものりとし》（羂索）が「明治の初め 呪霊の子を孕む特異体質の娘」がいたことで、「呪霊と人間の間に産まれた子の虜」となり、呪胎九相図が生み出されたことが描かれている。九十九との会話で偽夏油が語っていた理想と併せて考えると、偽夏油が非術師・呪術師・呪霊の3者の融合を目指していることが推測できる。

両面宿儺が呪術師や呪霊を圧倒する力を持っている理由は、呪霊を受肉した呪術師、あるいは人間と呪霊のハーフだったからではないだろうか。もっとも両面宿儺は、「己の快・不快のみが生きる指針」（第30話）と語るほど本能的、つまり呪霊的な存在だ。こうしたことから、羂索は加茂憲倫に寄生していた時代に、理性と本能を兼ね備えた「両面宿儺」、つまり「完全な人間」を人工的につくろうとして、その過程で生まれたのが呪胎九相図だったと考えられる。

古典における呪術師にも、人間と呪霊のハーフや人間と呪霊が融合した存在がいる。陰陽師の安倍晴明《あべのせいめい》は、葛《くず》の葉《は》という狐の変化を母とする伝承がある。また修験道において、修験者は呪術レベルが上がると頭にツノが生えてくるといわれ、山伏《やまぶし》（修験者）が頭にかぶる小型の帽子・頭襟《ときん》はこのツノを隠すためともいわれる。修験道の最終的な目的は人間を超越した神仙（仙人）になることだ。また密教では生きながら仏（神）になることを目指す。

羂索が両面宿儺を人工的につくろうとすることは、日本に実在した多くの呪術師たちが「人を超えた存在」になることを目指した行為と同じだといえるだろう。

『新形三十六怪撰』
小早川隆景彦山ノ天狗問答之図
修験者の姿をした天狗の頭には、ツノを隠すためともいわれる頭襟がある。

両面宿儺が伏黒恵《ふしぐろめぐみ》を助ける理由

死者を甦らせる十種神宝《とくさのかんだから》の秘法

十種影法術《とくさのかげぼうじゅつ》のモデルとなった十種神宝

公式ファンブックで作者の芥見下々先生は、「最終回や要所要所の結末は決まっていますが、その間の流れは決まってないところがいくつもあります。伏黒の最後は決まっていますが、虎杖の最後は決まってないです」と語っている。ここから伏黒恵はストーリーの結末に大きく関わり、必然性がある最期を迎えることになることが予想できる。では、それはどのようなものなのか。

伏黒が使う禪院家相伝の術式・十種影法術は、『古語拾遺《こごしゅうい》』や『先代旧事本紀《せんだいくじほんぎ》』に記された神器・十種神宝をモデルにしていることは前述した。『呪術廻戦』第117

話で登場した「八握剣《やつかのつるぎ》 異戒神将《いかいしんしょう》 魔虚羅《まこら》」を召喚する際には、この十種神宝を用いた神事で使われる祝詞と同じ、「布瑠部由良由良《ふるべゆらゆら》」の呪文が使われている。十種神宝は現存しておらず、古文書には象徴的な図形として記録されているが、この図形は伏黒の式神の呪印と酷似していることからも十種神宝が十種影法術のモデルと考えていいだろう。

三種の神器と並ぶ神から授けられた神器

天皇が皇位継承の際に必要とする三種の神器は、天皇の祖先が地上世界へ降り立つ際に、至高の神・アマテラスから授けられた神宝である。一方、十種神宝は、ニギハヤヒが天上世界から天孫である証として地上世界へ持ってきたものだ。ニギハヤヒは降臨する際には天磐船《あまのいわふね》と呼ばれる空飛ぶ船に乗ってきたが、空から地上世界をみて「虚空《そら》見つ日本《やまと》の国」といったと『先代旧事本紀』には記されている。これが「日本」の国号の初見だとされ、ニギハヤヒが「天皇」になりえた存在であることを示唆している。

ニギハヤヒは初代神武《じんむ》天皇が全国統治に乗り出すために東征を行なう前に、大和（奈良県）を治めていた王で、神武天皇の祖先であるニニギが天孫降臨する前に、すでに地上世界へ降り立っていた神である。神武天皇と対峙したニギハヤヒは、相手も同じ天孫であることを知ると降伏し、子のウマシマジを通して十種神宝を献上した。そして、ニギハヤヒの子孫の物部氏が奈良県天理市の石上《いそのかみ》神宮に奉安して、代々祭祀を行なってきた。

領域展開・嵌合暗翳庭《かんごうあんえいてい》の名前の由来

伏黒の領域展開は、嵌合暗翳庭と名付けられている。「嵌合」とはフタやネジなどがはまっていること、「暗翳」とは暗い影をあらわす言葉だ。伏黒の術式の代名詞である影の閉鎖空間といった意味合いだろう。では、どちらかというと洞窟などをイメージする「嵌合暗翳庭」はなぜ「庭」なのか。ここにも十種神宝が関係してくる。奈良県天理市の石上神宮は日本最古の神社のひとつとされ、もともとは神が鎮座する建物（本殿）がなく、石上布留高庭《いそのかみふるのたかにわ》と呼ばれる禁足地（足を踏み入れてはいけない聖域）に御神体を埋めて祀っていた。明治時代の発掘では、ここから宝剣（布都御魂《ふつのみたまの》剣《つるぎ》、天羽々斬剣《あめのはばきりのつるぎ》）と勾玉《まがたま》などが出土している。神話の時代にまで遡る神宝が伝承通りに埋まっていたのである。

石上神宮に十種神宝を祀った物部《もののべ》氏の「モノ」は古語では武具を表すとともに「魂」を意味する言葉であることから、物部氏は魂を司る氏族だったことがうかがえる。石上神宮では、現在も毎年11月の鎮魂祭では、十種神宝の図をかたどった紙を用いて、

「布留部由良由良」と唱える神事が行なわれている。そして第3章で紹介したように、この十種神宝を使った神事には死者を甦らせるほどの力があるといわれる。このことから、両面宿儺が伏黒に執着し、時として命を助ける理由もわかるだろう。

第213話では、虎杖悠仁の肉体を1分間明け渡された両面宿儺が、伏黒恵に自らの指を飲ませた。これによって両面宿儺は虎杖悠仁から伏黒の体に受肉することに成功し、伏黒の肉体の主導権も握った。さらに第238話では、両面宿儺は腹部に口があらわれ、腕が4本という異形の完全体へと変貌する。両面宿儺が伏黒の体に固執するのは、その復活に、伏黒の呪術のモデルとなった死者復活の「十種神宝」の呪術と関連があると考えられる。

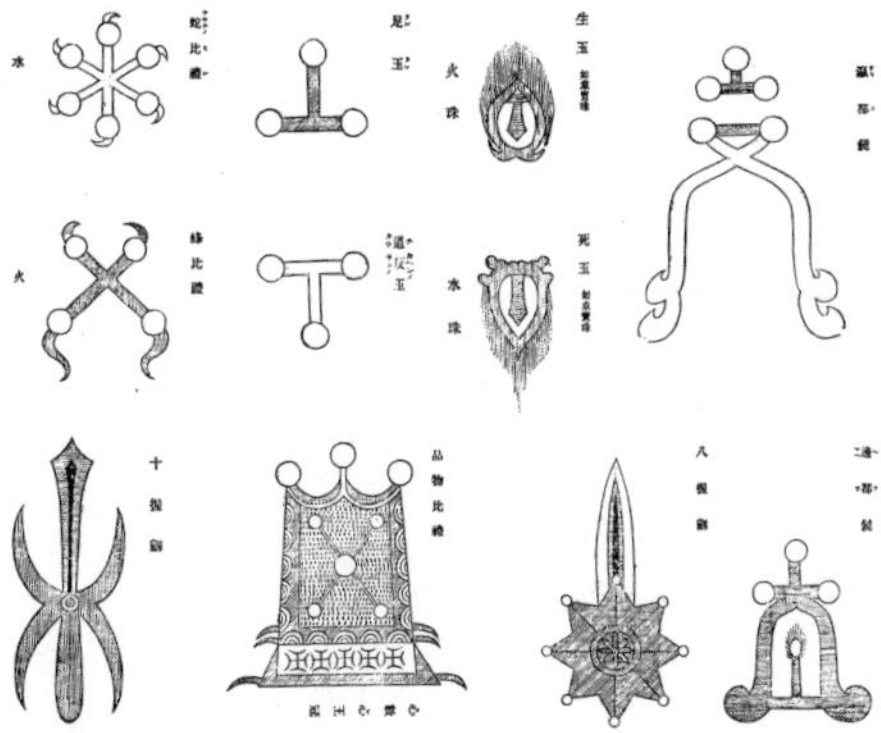

十種神宝
もうひとりの天孫ニギハヤヒによってもたらされた神器で、死者を甦らせる霊力を持つといわれる。

よみがえりの聖地・熊野と安倍晴明

「熊野」でつながる両面宿儺・ニギハヤヒ・安倍晴明

伏黒恵と安倍晴明では多くの関連性がみられることを前述したが、ニギハヤヒと晴明は、近畿地方最大の呪術の聖地である熊野と関わりが深い。ニギハヤヒは地上世界に降臨後に大和を拠点としたが、その勢力範囲は紀伊半島一帯で、部下のナガスネヒコが神武天皇の軍と衝突している。大阪から上陸した神武天皇は、ナガスネヒコ軍と対決するが兄の五瀬命《いつせのみこと》を失うほどの痛手を被った。そこで神武天皇は紀伊半島を船で迂回し、光り輝く那智《なち》の滝を目印に熊野に上陸した。その後、ナガスネヒコ軍を破った神武天皇は自らも天孫であることを示し、ニギハヤヒは降伏することになる。

熊野は修験道の聖地であり、平安時代から天皇や上皇、皇族が相次いで参詣した地である。前述した那智の滝には安倍晴明の伝説が残っている。『熊野那智大社文書』や『源平盛衰記』には、花山《かざん》上皇が那智を訪れて籠った際に、魔物が妨害をしてきたので晴明を呼び出した。そこで晴明は2人の式神を使って魔物を岩屋に祀り置いたという。このほか『古事談』には、晴明が那智の滝に打たれて1000日の修行を行なったと記されている。熊野は「よみがえりの地」と呼ばれ、仏教伝来後には、山中は浄土と考えられ、「死と再生」の霊域とされた。

飛騨高山地方に残る伝承では、両面宿儺はこの地に多くの神社仏閣を創建した統治者としての側面も持っている。両面宿儺の出自はわかっていないが、飛騨高山地方を統治する斐陀国造《ひだのくにのみやつこ》はニギハヤヒの子孫の系統とされることから、両面宿儺はニギハヤヒの遠縁である可能性もある。

那智の滝（和歌山県東牟婁郡那智勝浦町）
安倍晴明が修行を行なったとも伝えられ、滝の水には延命長寿の御利益があるといわれる。熊野には安倍晴明の由来地が多く残っている。

伏黒恵と同じ式神使いである安倍晴明、伏黒の術式のモデルである十種神宝をもたらしたニギハヤヒ、ニギハヤヒの遠縁の可能性がある両面宿儺、これらはすべて「よみがえりの地」である熊野と関連がみられるのだ。

不死の術式を持つ天元《てんげん》とは何者なのか

陰陽道からわかる薨星宮《こうせいぐう》の場所

東京都内にある2つの結界

『呪術廻戦』において最も謎が多い人物の1人が天元だろう。呪術高専東京校の地下にある薨星宮におり、公式ファンブックでは、「呪術高専を始めとする国内主要結界、その他多くの『結界術』全てが、天元の力によって底上げされているため、意志の消失によって天元の力添えが失われてしまえば、国内の呪術的防護はままならなくなる」とされる。

天元は意志・人格を持った人物であり、すべての結界に関与する「結界の神」的な存在であることがわかる。

呪術高専東京校には、多くの神社仏閣の壮麗な建築物が並んでいるが、そのほとんどがハリボテ（虚像）で、天元によって日々配置が換わる。この1000を超えるハリボテの建築物のうちのひとつが高専最下層に降りる昇降機に通じている。最下層には薨星宮に続く山道があり正しい通路を潜《くぐ》ることでようやく天元がいる本殿に辿りつける。最後の門を潜ると、天元自身が招いた者だけが入ることを許される特別な結界の中に天元がいる。

『呪術廻戦』第53話で、羂索が「天元は結界の運用以外 基本 現《うつつ》に干渉しない」と語っているが、唯一無二の結界術と「不死」の術式を持ちながら、ほとんど社会に関与してくることはないとされる。

また第137話では、渋谷事変後に東京が壊滅したことが明らかになるが、その中で東京には「皇居を中心とした結界」と「薨星宮直上を中心とした結界」の2つの結界があると語られている。

皇居の西にある呪術の聖地

皇居には宮中三殿と呼ばれる神殿があり、年間を通じて天皇を祭主とした神事が行なわれている。皇室の祖先である至高の神アマテラスは太陽の神とされるが、一方、天元に関する言葉は夜の世界をイメージさせるものが多い。「天元」は宇宙の中心をあらわしており、甍星宮、星漿体《せいしょうたい》などには「星」が入っている点だ。
陰陽五行説《いんようごぎょうせつ》では、万物は「陽」と「陰」の2つが対となって構成されていると考える。そしてこの原理を陰陽太極図であらわすが、皇居（天皇）を「陽」、天元の甍星宮（天元）を「陰」として、陰陽太極図と対比させると皇居の西にあるのが、八王子市だ。『呪術廻戦』第137話では渋谷事変の被害をまぬがれたのは、奥多摩の町村、青梅市・あきる野市・八王子市・町田市の一部、各島嶼《とうしょ》だけと語られている点でも矛盾しない。

八王子市には昭和天皇武蔵野陵があるほか、高尾山薬王院《たかおさんやくおういん》があり、ここは東京における修験道の聖地、つまり呪術の中心地でもある。ちなみに高尾山の開山は744年だが、天元を崇拝する盤星教《ばんせいきょう》も奈良時代を起源とする宗教団体として描かれている（第74話）。

高尾山薬王院は現在では仏教寺院だが、かつては神仏習合が進んだ場所でもあり、神社と寺院が混在する呪術高専東京校のように、鳥居や神社もある。こうしたことから、呪術高専東京校は八王子市あたりの設定だと推測できる。

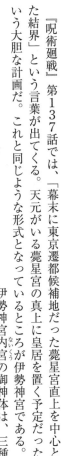

歴史の闇に秘された神・タカミムスヒ

伊勢神宮と甍星宮

『呪術廻戦』第137話では、「幕末に東京遷都候補地だった甍星宮直上を中心とした結界」という言葉が出てくる。天元がいる甍星宮の真上に皇居を置く予定だったという大胆な計画だ。これと同じような形式となっているところが伊勢神宮である。

古殿地の覆屋(手前)と正殿(奥)
心御柱があった場所は覆屋で隠され、参拝者がみられないようになっている。

伊勢神宮内宮《ないくう》の御神体は、三種の神器のひとつである八咫鏡《やたのかがみ》で至高の神アマテラスの分身とされる。実は伊勢神宮にはもうひとつ御神体と並ぶものがある。心御柱《しんのみはしら》と呼ばれるもので、八咫鏡が祀られる正殿《しょうでん》の直下の地下に埋納される。伊勢神宮では20年に一度、隣の敷地に全く同じ神殿をつくって神を遷《うつ》す式年遷宮《しきねんせんぐう》という儀式が行なわれるが、古殿地《こでんち》（遷されたあとの更地）ではこの心御柱があった場所がみえないように覆屋《おおいや》を建てて隠している。心御柱がいかに神聖なものであるかがわかるだろう。この心御柱をなぜ埋めるのかは秘儀として明かされていないが、何らかの呪術的な意味があることは間違いない。

この心御柱は、タカミムスヒをあらわしているという説がある。天皇の祖先で地上に降臨したニニギは、アマテラス（父方）とタカミムスヒ（母方）の孫にあたる。地上世界の統治をニニギに命じたのはアマテラスとされるが、これは『日本書紀』に記された数多くの伝承のひとつに過ぎない。『日本書紀』本文にはタカミムスヒのみが司令神として登場する。また『古事記』ではアマテラスとタカミムスヒがともに司令神となっている。タカミムスヒはアマテラスと並ぶ至高の神だったのだ。タカミムスヒは独神《ひとりがみ》と呼ばれる性別がない神でもあるが、第202話で天元は、「最早　私に性別はないがどちらかと言えばババアだよ」と語っている。

薨星宮の巨大な御神木は高木神《たかぎのかみ》をあらわしている

タカミムスヒと天元とはいくつもの関連性が指摘できる。『呪術廻戦』で天元がいる薨星宮には本殿に根ざした巨大な御神木がある。タカミムスヒは高木神という別名があり、その名の通り高い木（巨大な木）を神格化した神でもある。人間と比べれば不死とも思えるほど寿命が長い木は、天元を象徴する存在といえるだろう。第144話で天元の姿が初めて明らかになったが、頭部は円柱形をしており、木をイメージさせるフォルムである。

このタカミムスヒは妙見《みょうけん》信仰の神の一柱ともされる。妙見とは、北極星や北斗七星を神格化した言葉である。北極星は、北半球において唯一動くことがない星であり、宇宙の中心にいる神として天皇大帝とも呼ばれる。そして、日本の「天皇」の称号も、宇宙の最高神の象徴である「天皇大帝」からとられたといわれる。妙見は北辰《ほくしん》とも呼ばれるが、北辰は天子（皇帝）や帝居（皇居）の意味も持っている。この妙見を深く信仰したのが平将門《たいらのまさかど》で、将門と6人の影武者を北斗七星と同じように配置した絵が残されている。また江戸幕府ができた際の都市計画では、天海《てんかい》によって北斗七星の並びを模して、将門の首塚や兜塚など将門ゆかりの神社を配置して結界を張ったともいわれる。

東京にある2つの結界、八咫鏡と心御柱、太陽神と星の神、地上世界の皇居と地下にある甕星宮、北斗七星の結界など、天元はアマテラスと並ぶ至高の神タカミムスヒといくつもの関連性がみられるのだ。

なぜ狗巻棘《いぬまきとげ》の語彙《ごい》は「おにぎりの具」なのか

おにぎりは言霊《ことだま》を抑える結界

おにぎり＝おむすびは霊的な力をあらわしている

狗巻棘は狗巻家相伝の高等術式・呪言《じゅごん》を操るが、普段は呪言の力を抑えるために語彙をおにぎりの具に絞っている。作者の芥見下々先生は公式ファンブックで、狗巻がおにぎりの具で話すアイデアについて「大昔『ツナマヨネーズ!!』って叫びながらキレるキャラ面白いかもって思いついた流用です」と語っているが、呪術的にみて狗巻がおにぎりの具を語彙にすることは理にかなっているので、あえて深読みしてみたい。

おにぎりはおむすびともいうが、この「むすび」とは神道《しんとう》における「ムスヒ（産霊）」に由来する。ムスヒとは万物を生み出す霊的な力を指し、男女の縁など目にみえないもの同士を結びつけることで、新たなものが生み出される世界観をあらわしている。

記紀神話では米は、天上世界の神々が地上世界へ降臨する際に至高の神アマテラスから授けられた神聖な食物で、神社の祭事の多くは稲作に関連したものだ。一粒で多くの実りをもたらすことから、米粒には稲霊《いなだま》と呼ばれる神霊が宿っているとされる。そして「ムスヒ」の力をあらわすように稲霊をひとつに結ぶため「おむすび」と呼ばれる。このようにおむすびには神道における呪術的な概念が含まれているのだ。

一説には、おむすびを三角形にするのは、「ムスヒ」の力を神格化した造化《ぞうか》の三神（アメノミナカヌシ、タカミムスヒ、カミムスヒ）をあらわしているともいわれる。また清麗な水を里へ供給し五穀豊穣をもたらす山への信仰から三角形にしたとする説もある。

おむすびの具は、「ムスヒ」の力を象徴化した、いわば御神体である。強力な「呪言」を操る狗巻が語彙をおにぎりの具にしているのは、自分にも反動がくる言霊を霊的な力で抑える結界的な役割を象徴しているともいえる。

狗巻棘が「梅」といわない理由

「梅」は呪術師の忌み言葉か

狗巻が話すおにぎりの具の語彙の中にはなぜかメジャーな「梅」がない。インターネット上では、「梅」が「埋《う》め」「膿《う》め」「産《う》め」などほかの言葉と混合して呪言となってしまうから、という考察が多くみられるが、ここではもうひとつの可能性を考えてみたい。

日本では結婚式の時に「切れる」「別れる」などの言葉を使わないなど、不幸をもたらす忌《い》み言葉の文化がある。「梅」を使わないのは、この単語が忌み言葉だからではないか。「梅」は三大怨霊のひとりである菅原道真《すがわらのみちざね》に通じる花だ。梅は道真が愛した花で、5歳の時に最初に詠んだ歌は梅の花を題材にしたものだった。菅原家やその一族の家紋は梅であり、住まいには多くの梅が植えられていたという。道真が九州の大宰府《だざいふ》に左遷されると、道真は自宅に残す梅との別れを惜しんで、「東風《こち》吹かば 匂いおこせよ 梅の花 主なしとて 春をわするな」と和歌を詠んだ。この梅の木はのちに、道真を追って大宰府まで飛んでいったという「飛梅《とびうめ》伝説」がある。現在、この飛梅は福岡県太宰府市にある太宰府天満宮の御神木になっている。梅は道真の代名詞といえるものなのだ。

梅干しの種の中にある核《さね》（胚）のことを「天神様」といい食べることができる。しかし、青梅や生梅の核は、腹痛や中毒を起こす恐れがあるため「梅は食うとも核食うな、中に天神寝てござる」といわれる。生梅や青梅の毒に対する戒めだが、死後怨霊となった道真への恐れと結びつけたことわざだ。このほかに「天神様を起こしてしまうから梅干しは夜に食べてはいけない」「漬けている梅干しに異変があると身内に不幸が起こる」といった俗信がある。梅干しは、道真への祟りや神威を象徴する霊的な食べ物と考えられているのだ。

おむすびの具に結界を張って言霊を封じ込める考察を前述したが、道真を象徴する「梅」の言霊は、おむすびの結界では抑え込むことができないのかもしれない。

『月百姿』菅原道真
和歌の名人として知られる道真が最初に詠んだ歌は梅を題材としており、住まいは「白梅御殿」、別邸は「紅梅御殿」と呼ばれた。

コラム

赤血操術《せっけつそうじゅつ》にみる「チ」の霊力

『呪術廻戦』で加茂家相伝の術式である赤血操術は、その名の通り血液を操作する呪術だ。血の訓読みは、日本の古語における「チ」からきている。「チ」は自然の中のものや自然現象の霊力をあらわす言葉で、火の神カグツチやヤマタノオロチなどに「チ」がつけられている。生命力の根源は「チ」であることから、血液を「チ」と呼ぶのだ。火の神カグツチが斬り殺されるとその血からは、岩や水の神が生まれるが、赤血操術では液体の血液に圧力をかけて撃ち出したり、あるいは凝固させて弾丸のようにしたりしていることと通じる。

加茂憲倫（羂索）によって生み出された呪胎九相図もこの赤血操術を使えるが、術師と異なるのは呪力によって血を生み出せる点だ。血液を本来の霊的な力＝呪力「チ」と考えると、呪力から血をつくることとは、神道における考え方として理にかなった設定といえる。

イザナギ(右下)**と**
カグツチ(左上)
「チ」の代表的な神であるカグツチが斬り殺されると岩石や水の神が生まれた。

第5章

呪霊からわかる日本の信仰

恵みと災いをもたらす八百万《やおよろず》の神

日本に無数の神々がいる理由

日本の神は八百万の神と呼ばれる。八百万とは無数という意味だ。『古事記』や『日本書紀』には天皇家や豪族の祖先神から、山や川といった自然神、門や建物といった建造物に宿る神々まで実に多種多様な神々が記され、記紀神話で神名がわかるだけでも300~500ほどの神が登場する。さらに日本には『風土記《ふどき》』や『古語拾遺《こごしゅうい》』などの古典や地域の伝承まで含めると、無数の神がいることになる。

神とは何かという定義は難しいが、簡単にいえば、「自分の生命（運命）や暮らしを左右する人間（自分）よりも高位の存在」といえるだろう。日本には海・山・川・島とバリエーションに富んだ国土があり、さらに四季がある。自分の生命を豊かにしたり、危機にさらすものが溢れている状態なのだ。だからこそ、日本では万物に神霊が宿り、災害を鎮め、恵みをもたらすように神に祈ったのだ。

『出雲国大社八百万神達縁結給図』
日本には、生物、無生物、自然物などあらゆるものにカミが宿ると考える信仰がある。

このことは、自然物に限らない。優れた人間や統治者もまた、自分の人生を左右する存在であり、古代の天皇や徳川家康、乃木希典《のぎまれすけ》などの人間も神として祀られる。さらに長年使った道具類は、自分たちの生活に欠かせないものだったため、道具にも神霊が宿ると考えた。『呪術廻戦』ではこのような自然界における人々の恐れが呪いとなって登場する。自然から生物、人間、無生物の道具まで、あらゆるものに神霊が宿ると考える日本は、同時にあらゆるものに恐れを持つ国でもある。

この章では、日本人がどのようなものに神が宿ると考え、恐れてきたかを紹介する。

呪霊《じゅれい》にみる自然界の神々

漏瑚《じょうご》にみる山岳信仰

山に対する人々の圧倒的な恐れ

日本では風土を司る神々がさまざまな自然物に宿ると考え、祭祀を行なった。このような自然界の神が宿る依り代《よりしろ》（神が宿る対象物）を「神奈備《かんなび》」という。人間が生活することが難しい山中は、古くから神の領域と考えられた。また山は水や養分をもたらして、田畑に実りをもたらす存在である。一方で山は、洪水や土砂崩れ、噴火などの災害も引き起こす。こうしたことから山自体に神が宿っているという山岳信仰が生まれた。こうした神そのものの山を神体山《しんたいざん》と呼ぶ。日本最古の神社のひとつとされる奈良県桜井市の大神《おおみわ》神社には、神が鎮座する本殿がなく三輪山《みわやま》自体を御神体としている。

『呪術廻戦』に登場した自然への恐れから生まれた3人の呪霊《じゅれい》のうち最強なのが山を具現化した風貌の漏瑚だ。その実力は特別一級呪術師の禪院直毘人《ぜんいんなおびと》や禪院真希《まき》を瞬殺するほどで、いかに人々の山に対する恐れが強いかがわかる。例えば、日本の最高峰である富士山について、『富士本宮浅間社記《ふじほんぐうせんげんしゃき》』では孝霊《こうれい》天皇の時代に富士山が大噴火し、周辺住民は離散して荒れ果てた状態になったとあり、富士山の神霊を鎮めるために垂仁《すいにん》天皇が富士山の神霊・浅間《あさま》大神を祀ったとされる。これが富士山本宮浅間大社であり、富士山の周囲をぐるりと浅間大神を祀る神社が囲んでいる。

日本の山岳信仰はやがて修験道《しゅげんどう》を生み出すが、この修験道における神仏は荒々しい形相をしていることが多い。山の神の力に対して、人々が抱く恐怖心がどのようなものだったのかが、これらの神仏の姿からよくわかる。

山の神オオヤマツミと娘のコノハナノサクヤ

山の神の娘であるコノハナノサクヤは富士山の神とされ、浅間神社の祭神となっている。

花御《はなみ》にみる巨木信仰

至高の神とされる高い木の神

日本では神を数える際に一柱、二柱というように「柱」を用いる。これは日本では樹木に神が宿ると考えたためで、そのため神社には御神木がある。特に常緑樹は常に葉を絶やさないために生命力のある植物とされ、家屋などを建設する際に行なわれる地鎮祭では、神の依り代として榊《さかき》（神事に使う植物の枝）を立てる。こうした樹木などの植物の依り代を神籬《ひもろぎ》と呼ぶ。

アマテラスと並ぶ至高の神とされるタカミムスヒが高木神《たかぎのかみ》と呼ばれるように、木に対する信仰は古くからあり、記紀神話には、日本列島や自然界の神々を生み出したイザナギとイザナミが降臨する際に立てた天御柱《あめのみはしら》がある。2神はこの柱の周りを回るという呪術的な結婚の儀式を行ない、子を授かった。

伊勢神宮の最重要の御神体・心御柱《しんのみはしら》、最古級の神社である長野県諏訪市の諏訪大社の御柱《おんばしら》などは、本来、高い木への信仰に対して、人工的につくられた神籬だと考えられている。青森県青森市の三内丸山《さんないまるやま》遺跡では6本の巨大な柱の穴が発見されたが、これは単なる大型建築物の遺構ではなく、信仰の対象とする説もある。

植物に霊的な力をみるのはそれだけではない。日本人にとってはお馴染みのお花見は、奈良時代にはじまり、邪気を祓《はら》い、霊魂をふるわせて活力を取り戻す「魂振《たまふ》り」の意味があった。お花見には娯楽であるとともに呪術的な意味があるのだ。

『呪術廻戦』第45話で花御は、攻撃をしてくる呪術師に対して、「やめなさい愚かな児等《こら》よ 私はただこの星を守りたいだけだ 森も海も空ももう我慢ならぬと泣いています これ以上人間との共存は不可能です」と語っている。その立ち位置は神そのものだ。また第53話では花御について五条悟《ごじょうさとる》が「呪霊は呪霊でも限りなく精霊に近いんじゃないかな 葵《あおい》の話だと植物に潜り込めたらしいし」と語っていることから、植物に神が依りつく神籬信仰を象徴している存在だといえる。

諏訪大社の御柱（長野県諏訪市）
諏訪大社では社殿の四方に巨大な柱が立てられる。巨木・柱への信仰は縄文時代から続いている。

陀艮《だごん》にみる海神《わたつみ》信仰

一対と考えられた山と海の神

海の彼方には別の世界・常世《とこよ》の国があるとされ、そこから神が訪れ、新たな文化や豊穣の幸をもたらすとする信仰がある。初代神武《じんむ》天皇の祖父・山幸彦《やまさちひこ》は海神の宮殿を訪れ、そこで見染めた海神の娘・豊玉《とよたま》姫を妃とした。さらにその子であるウガヤフキアエズは豊玉姫の妹である玉依《たまより》姫を妃とした。海神を女神とするのは、縄文時代の女神信仰にまで遡り、日本最古の信仰形態が残る沖縄では海神は女神であり、男神である山の神と一対となっている。大地（山）の呪霊・漏瑚と水（海）の呪霊・陀艮が行動をともにするのは、山と海が対をなす存在とする日本の信仰に通じるのだ。

わだつみのいろこの宮
アーティゾン美術館 蔵
海神の宮に訪れた山幸彦（上）と豊玉姫（左下）との出会いのシーン（右は豊玉姫の侍女）。

灰原雄《はいばらゆう》が命を落とした産土神《うぶすながみ》信仰

今でも恐れられる土地神の祟り

『呪術廻戦』第77話では、七海建人《ななみけんと》の同級生・灰原雄が討伐任務で命を落とした。灰原の遺体の前で七海は「産土神信仰…アレは土地神でした…1級案件だ…!!」と語っている。日本ではその土地ごとに守護する神がおり、その場所で生まれたものを守護する産土神信仰がある。家屋などを建築する際に行なわれる地鎮祭は、この土地神への許しを乞うための儀式だ。

土地神の祟りは強力なものと考えられ、『今昔物語集《こんじゃくものがたりしゅう》』では、陰陽寮《おんみょうりょう》のトップである陰陽頭を務めた滋岳川人《しげおかのかわひと》が土地神に襲われそうになった話が記されている。文徳《もんとく》天皇の陵墓の建設地を探すことを命じられた川人が土地を探す任務を終えて帰路についた。すると川人のあとを土地神がついてきた。川人が隠形《おんぎょう》の術を施したあとに身を隠すと一千万もの人が往来したような足音が過ぎていったという。

付喪《つくも》操術《そうじゅつ》にみる付喪神信仰

都を跋扈《ばっこ》した古道具の妖怪

『百鬼夜行絵巻』
平安時代に都を跋扈した百鬼夜行の絵図には、付喪神と思われる道具の鬼が描かれている。

西宮桃《にしみやもも》の術式・付喪操術は日本における付喪神信仰をもとに考えられた術式だ。公式ファンブックには、「古き器物には〝付喪神〟が宿ると言われるが、この術式では呪力の篭もった愛用の箒を使用」とある。付喪神は九十九《つくも》神とも書くが、長年大切に使われた道具は九十九神となり幸福をもたらし、粗末に扱ったものは付喪神となって人に災いを起こすとされる。『付喪神絵巻』には古い道具が寄り集まって付喪神となり、人間に悪さをするという物語が描かれている。また『百鬼夜行絵巻』には多数の付喪神と思われる道具の物の怪が描かれている。こうしたことから、神社仏閣には長年愛用した道具を供養して埋納する、筆塚、針塚、包丁塚などがある。

偽夏油《にせげとう》が使役した疱瘡神《ほうそうがみ》

人々が恐れた伝染病の神

『呪術廻戦』第101話では偽夏油（羂索《けんじゃく》）が特級特定疾病呪霊「疱瘡神」を出現させる。疱瘡とは天然痘のことで、江戸時代には一生に一度は罹る3つの病気「お役《やく》三病《さんびょう》」のひとつとされた。感染力が強い疱瘡は、疱瘡神が引き起こすと考えられ、疱瘡神を駆逐する武将などが描かれた疱瘡絵が病気回復の護符とされた。第12巻ではこの呪霊が疱瘡神ではなく疱瘡婆《ばばあ》であることが明かされている。疱瘡婆は疱瘡を流行させて死体を食べたと伝わる東北の妖怪である。病死した人間の墓が荒らされることが頻出し疱瘡婆の仕業と考えられた。人々は埋葬した場所に重石を置いて魔除けの祈禱を行なったという。『呪術廻戦』における疱瘡神（疱瘡婆）の術式もこれをモデルにしている。

『新形三十六怪撰』
為朝の武威痘鬼神を退くの図
疱瘡を恐れた人々は疱瘡絵と呼ばれる浮世絵を護符として用いた。

呪具にみる神剣の信仰

呪術全盛の平安時代に生まれた呪具

『呪術廻戦』では呪具と呼ばれるさまざまな道具が登場する。短い直刀である屠坐《とざ》魔《ま》、三節棍《さんせつこん》の游雲《ゆううん》、短い二支の剣である天逆鉾《あまのさかほこ》、どこまでも伸びる鎖である万里《ばんり》ノ鎖、このほか禪院真希が着用している呪力が低いものでも呪霊がみえる眼鏡などがある。公式ファンブックでは、呪具には①「術師が使い込んだり、呪力や術式を篭《こ》めた武具」、②「強力な術師や呪霊を屠《ほふ》った武具」、③「連続殺人の凶器」、④「悍《おぞ》ましい過程を経て制作された武具」の4つのカテゴリーがあるという。現実にも歴史上でこれらのカテゴリーに当てはまる呪具が存在している。

呪術全盛の平安時代には、カテゴリー②に当てはまる呪具が多く生まれた。最も有名なのが「童子切安綱《どうじぎりやすつな》」だ。丹後（京都府北部）の大江山を拠点とし、殺人や誘拐を繰り返した鬼の首魁《しゅかい》・酒呑童子《しゅてんどうじ》の首を斬った刀である。現在、童子切安綱は国宝に指定されている。同じく鬼切りの刀として知られるのが、酒呑童子を討った源頼光《らいこう》の配下のひとり・渡辺綱《つな》が京都の一条戻橋《いちじょうもどりばし》で、茨木《いばらき》童子という鬼を斬った鬼切丸《おにきりまる》（別名、髭切《ひげきり》）がある。ちなみにこのとき斬り落とした腕の処分について、綱は安倍晴明《あべのせいめい》に相談をしている。やがて綱の叔母の姿に変身した茨木童子が現れ腕を取り戻すと空高く飛び去った。その後、茨木童子は岩手県の夏油《げとう》温泉で傷を癒したという。

③「連続殺人の凶器」にあたるもので有名なものが、妖刀と呼ばれた村正《むらまさ》だろう。村正は三重県桑名市の刀工で、戦国時代に適した折れにくく切れ味が持続する実戦的な刀を生み出した。村正作の刀は戦国武将に愛用され、多くの血を流すことになるが、最もこれを恐れたのが、徳川家康である。村正作の刀は家康の祖父、父、息子、妻が命を落とす際にいずれも用いられ、家康自身も村正の手入れ中にケガを負っている。このため、村正は徳川家に仇《あだ》をなす妖刀として所持

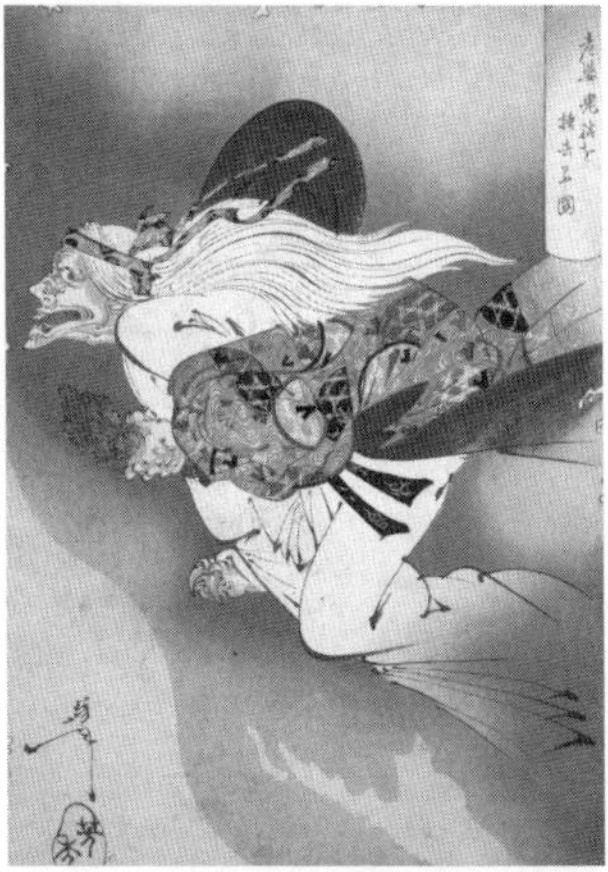

『新形三十六怪撰』老婆鬼腕を持去る図
名刀・鬼切丸によって斬られた腕を取り戻した茨木童子は、夏油温泉まで飛び去り傷を癒したと伝わる。

を禁止した。こうしたことから幕末には、討幕派志士たちがこぞって村正を求めたという。

日本の神剣はそれ自体が神となる

日本における呪具として最も有名なものが三種の神器のひとつ草薙剣《くさなぎのつるぎ》だろう。もともと天叢雲剣《あめのむらくものつるぎ》と呼ばれ、天上世界から降り立ったスサノオが出雲地方を荒らすヤマタノオロチを退治した際に、オロチの体内にあった剣だ（カテゴリー④）。草薙剣はヤマトタケルが愛用した剣（カテゴリー①）で、日本各地を巡って荒ぶる神々を征討した（カテゴリー②）。この草薙剣は代々愛知県名古屋市の熱田《あつた》神宮に祀られている。『呪術廻戦』における呪具のカテゴリーのうち3つも当てはまる最強の呪具といえる。

草薙剣の霊威を物語るエピソードがある。7世紀の天智《てんぢ》天皇は、草薙剣が熱田神宮から盗難され海外に持ち出されそうになった事件があったことから、草薙剣を宮中に保管していた。のちに天智天皇が重病になったのはこの草薙剣の呪力によるものだとされ、草薙剣はただちに熱田神宮に戻されたという。

草薙剣はヤマタノオロチの体内から発見された剣だが、このヤマタノオロチを斬った剣が、布都斯魂剣《ふつしみたまのつるぎ》だ。別名を十握剣《とつかのつるぎ》、あるいは天羽々斬《あめのはばきり》といい、奈良県天理市の石上神宮《いそのかみ》に祀られている。これはカテゴリー②に当てはまる。石上神宮にはこのほかに、初代神武天皇が熊野地方での戦いで敵の毒気に当たってピンチの際に、アマテラスとタカミムスヒの命によって地上世界に降ろされた神剣・布都御魂《ふつのみたま》が祀られている。これはカテゴリー①と②が当てはまる神剣だ。草薙剣と布都斯魂剣はともにスサノオとゆかりの深い神剣だが、スサノオは神道で呪詛《じゅそ》の神ともされる。

日本における神剣の特徴は、剣自体に神霊が宿っているとされる点だ。別の場所にいる神の力がその剣に宿されているのではなく、その剣自体が神であり、霊威を持っているのである。このような考え方は極めて日本的なもので、欧米などの魔法剣とは異なる。無生物を含めた万物に神霊が宿るとする日本独自の信仰から、神剣自体が神として祀られているのだ。

日本武尊(ヤマトタケル)　神宮徴古館 蔵
東征の際に火攻めに遭ったヤマトタケルは草薙剣によって難を逃れた。

あとがき

現代に生き続ける呪い

今も続いている呪いの歴史

「あなたは呪いを信じますか？」こう質問されて「信じる」と即答する人は少ないだろう。科学技術が発達した現代では、呪術は非科学的な迷信として受け止められるのが一般的だ。それにもかかわらず私たちは日々目にする占いの結果などに少なからず影響を受ける。

『呪術廻戦』における呪術師養成機関である呪術高専は、「表向きは宗教系学校であり、費用は国と都（または府）が機密費として捻出」「卒業後も多くの呪術師が活動拠点とし、任務の斡旋やサポートも行う」（公式ガイドブック）という設定だ。呪術に対して、国や行政機関が費用を出すというのは、現代の私たちにしてみれば荒唐無稽な話に思えるかもしれない。しかし、本書で紹介してきたように古くは奈良時代の律令《りつりょう》制における呪術の国家管理にはじまり、戦前においては内務省神社局、神祇院《じんぎ》などによって神社の国家管理が行なわれた歴史がある。

戦後にこれらの制度は廃止され、政教分離が進められるようになったが、呪術は人を魅了し続けた。昭和期においては、岸信介《きしのぶすけ》、福田赳夫《たけお》、松下幸之助といった政財界の大物たちが藤田小女姫《こととめ》という占い師に傾倒したことはよく知られている。また現在でも天皇は私費で宮中祭祀を継承している。さらに一流と呼ばれる企業の多くは自社に神社や神棚を設け、礼拝を行なう。これも簡易的な呪術である。

東日本大震災とコロナ禍《か》で復活した呪術

呪術をはじめとする不可視の世界が再評価されるようになったのは、皮肉なことに東日本大震災だ。震災が起きた年の2011年8月14日の朝日新聞では、「肉親などを失った被災者が、死者の霊を呼び出してその意思を告げるというイタコの口寄せを依頼する例が目立っている」と伝えている。また津波の被災地では幽霊の目撃例が多発し、「何十人もの幽霊が道をふさいで車が渋滞した」という話まである。自らの力では抗《あらが》いきれない理不尽な事態に対して、人々は霊的なものを求め、心の安定を図ったのだ。

さらに新型コロナウイルスの流行によって、日本人の穢《けが》れの思想が掘り起こされ、

「自粛警察」といった新たな問題が引き起こされた。医療従事者に対する誹謗中傷、営業している飲食店に対する嫌がらせの張り紙などは、呪詛《じゅそ》そのものだ。

そして、現代社会では新たな呪いが生まれた。SNSを媒介とした呪詛だ。

『呪術廻戦』が示す呪いとの向き合い方

上司への愚痴、仲間への嘲笑、社会への不満……SNSには日々呪いが溢れている。呪詛にはひとつの特徴がある。それはあくまでも自分発信のものであり、呪詛された側は呪詛している相手のことを知らない、という点だ。安倍晴明《あべのせいめい》などの逸話でも、呪詛した者の正体が露見すると呪詛した側が逆に呪われてしまう。藁《わら》人形に五寸釘を打ち込むという最も知られている呪詛である丑《うし》の刻《こく》参りは、その姿を決してみられてはいけない。しかし、自分の名前が記された藁人形をみて「こんなのは迷信だ」と一笑に付す人は稀で、誰しも気持ち悪く感じるはずだ。

こうしてみると呪詛とSNSとがよく似ていることがわかるだろう。匿名性があるSNSでは、発信者の身元は隠されたままだ。しかし、自分について悪意のある書き込みをされた者はその言葉に縛られ、少なからず影響を受ける。中にはSNSの書き込みによって自ら命を絶つ者までいる。SNSは現代版の呪いでもあるのだ。

『呪術廻戦』では呪い＝呪霊《じゅれい》はすべて、人間の「負の感情」から生まれるものという設定となっている。呪霊という超自然的な存在による被害という理不尽は、すべて人間がもたらしたものとしたのだ。このことはある意味で人々により強い自我を求め、他者に対する無意識の行ないが大きな被害をもたらしていることを象徴しているように思える。

現代社会は今までにない呪詛に満ちた時代となった。そのような中で、周りの同調圧力に屈せず、自らの信念をもとに考えて行動する虎杖悠仁《いたどりゆうじ》や呪術師たちの姿は、現代社会における呪いとの向き合い方のひとつの答えとなるだろう。

人が存在し続ける限り、呪いはなくならない。しかし、いかに呪いを生まず、自分に向けられてきた呪いにどう対処するか、『呪術廻戦』はそんな現代社会の生き方を私たちに示してくれているのだ。

コロナ禍による自粛生活、新しい生活様式の浸透によって、直接的なコミュニケーションは減少し、リモート化が一気に進んだ。このことにより、以前にも増してSNSで呪いが大量生産されるようになった。

呪い全盛の時代、それが私たちの生きる現代なのだ。

参考文献

『呪術廻戦』第1～24巻　芥見下々 著　集英社
『呪術廻戦 0 東京都立呪術高等専門学校』　芥見下々 著　集英社
『呪術廻戦 公式ファンブック』　芥見下々 著　集英社
『呪術廻戦 逝く夏と還る秋』　芥見下々、北國ばらっど 著　集英社
『呪術廻戦 夜明けのいばら道』　芥見下々、北國ばらっど 著　集英社
『異界と日本人』　小松和彦 著　KADOKAWA
『伊勢神宮のすべて』　青木 康 著　宝島社
『江戸の陰陽師 天海のランドスケープデザイン』　宮元健次 著　人文書院
『大江戸魔方陣 徳川三百年を護った風水の謎』　加門七海 著　朝日新聞出版
『お咒い日和その解説と実際』　加門七海 著　KADOKAWA
『陰陽道の本 日本史の闇を貫く秘儀・占術の系譜』　学研
『カラー版 日本の神様100選』　日本の神社研究会 著　宝島社
『カラー版 日本の神社100選 一度は訪れたい古代史の舞台ガイド』　日本の神社研究会 著　宝島社
『古事記 日本書紀に出てくる謎の神々』　新人物往来社
『古事記の本』　学研
『古神道の本 甦る太古神と秘教霊学の全貌』　学研
『修験道の本 神と仏が融合する山界曼荼羅』　学研
『呪術廻戦 高専特級機密解除』　ダイアプレス

『呪術と占星の戦国史』 小和田哲男 著 新潮社
『呪術秘法の書 神仏呪法実践読本』 豊嶋泰國 監修 原書房
『神道の本 八百万の神々がつどう秘教的祭祀の世界』 学研
『すぐわかる日本の呪術の歴史 縄文時代から現代まで』 武光 誠 監修 東京美術
【図説】日本呪術全書』 豊島泰国 著 原書房
『天皇の本 日本の霊的根源と封印の秘史を探る』 学研
『天皇陛下の全仕事』 山本雅人 著 講談社
『日本古代呪術 陰陽五行と日本原始信仰』 吉野裕子 著 講談社
『別冊宝島 呪術と祈祷の日本史』 加門七海 監修 宝島社
『別冊宝島 神社と神様大全』 宝島社
『別冊宝島 天皇と古代史』 宝島社
『別冊宝島 日本の古代史 ヤマト王権』 瀧音能之 監修 宝島社
『別冊宝島 密教入門』 宝島社
『呪いと日本人』 小松和彦 著 KADOKAWA
『魔除けの民俗学 家・道具・災害の俗信』 常光 徹 著 KADOKAWA
『密教の本 驚くべき秘技・修法の世界』 学研
『見るだけで楽しめる! まじないの文化史 日本の呪術を読み解く』 新潟県立歴史博物館 監修 河出書房新社
『歴史人物怪異談事典』 朝里 樹 著 幻冬社
『歴史と起源を完全解説 日本の神様』 青木 康 著 宝島社

※本書は、2021年4月に小社より刊行した『呪術の日本史』を加筆・改訂し、文庫化したものです。

宝島
SUGOI
文庫

呪術の日本史
(じゅじゅつのにほんし)

2024年1月1日　第1刷発行

監　修　加門七海
発行人　蓮見清一
発行所　株式会社 宝島社
〒102-8388　東京都千代田区一番町25番地
電話:営業 03(3234)4621／編集 03(3239)0927
https://tkj.jp
印刷・製本　株式会社広済堂ネクスト

ISBN978-4-299-05078-6